Manual de prevención de riesgos laborales

Blas Gómez

Con la colaboración de:

MAR**G**E BOOKS

Índice

1 Conceptos básicos sobre seguridad y salud en el trabajo

1 El trabajo y la salud

El progreso social y tecnológico comporta una mejora en la calidad de vida de las personas y en las condiciones en que se realiza el trabajo, ya que elimina o reduce los problemas existentes. Sin embargo, persisten muchos de esos problemas, se han agudizado algunos y han aparecido otros nuevos que es preciso conocer, para lo cual se debe insistir en cuestiones como la identificación, la evaluación y el control de los riesgos laborales. Entre esos problemas destacan de manera especial los relacionados con la salud de los trabajadores.

- El trabajo es una **actividad social organizada** que permite alcanzar unos objetivos y satisfacer unas necesidades, en las que intervienen diferentes recursos (trabajadores, tecnología, materiales, energía, organización, etc.).
- La Organización Mundial de la Salud (OMS) define la salud como el **estado de bienestar físico, mental y social completo,** y no tan solo como la ausencia de daño o enfermedad. La definición destaca la triple dimensión de la salud (física, mental y social) y la necesidad de que cada persona alcance el equilibrio.

El trabajo y la salud están estrechamente ligados. Gracias al trabajo se satisfacen una serie de necesidades (supervivencia, desarrollo profesional, personal o social, etc.), pero ese proceso puede comportar una agresión para la salud si se realiza en condiciones inadecuadas.

Las empresas desarrollan su actividad en un marco competitivo, y para garantizar su supervivencia han de adaptar su sistema productivo al principio de la **eficacia.** Así, el concepto de calidad se aplica con frecuencia a la aptitud de un producto, servicio o proceso, para satisfacer las necesidades de los usuarios. Además, se habla de la **calidad total** como un proceso que supone mejorar constantemente los resultados. La integración de estos conceptos suele optimizar las condiciones materiales en que se desempeña la actividad laboral.

El mundo laboral y la sociedad en que se ubica están en permanente proceso de cambio. Los procesos operativos y los recursos técnicos u organizativos difieren de los vigentes hace unos años.

La salud se ve afectada por estos aspectos. Así, cuando una empresa modifica el proceso productivo o los elementos materiales, organizativos o técnicos, hay que prever su posible incidencia, positiva o negativa, en las condiciones de seguridad y salud laboral. Esos cambios frecuen-

*Figura 1.1. En todos los ámbitos profesionales, el trabajo
y la salud están estrechamente ligados.*

tes, pretenden aumentar la eficacia productiva y ofrecer la posibilidad de mejorar las condiciones de trabajo. Sin embargo, a veces pueden perjudicar directa o indirectamente la salud de los trabajadores.

Hay que prestar especial atención a los factores de tipo organizativo y psicosocial, puesto que sus consecuencias (fatiga mental, estrés laboral, etc.) no son tan llamativas como las clásicas (accidente de trabajo y enfermedad profesional), por lo que acostumbran a pasar desapercibidas.

2 Riesgos laborales

La calidad y la competitividad exigen el control del proceso productivo. Para ello, es preciso conocer los elementos que puedan incidir en el desarrollo del trabajo y en la persona que lo desempeña. Entre los elementos que pueden repercutir negativamente, son relevantes los vinculados a la salud del trabajador, conocidos como riesgos profesionales o laborales.

La Ley de Prevención de Riesgos Laborales (LPRL), eje vertebrador de la normativa en esta materia, establece una serie de conceptos clave:

- **Riesgo laboral:** posibilidad de que un trabajador sufra un determinado daño derivado del trabajo.
- **Daños derivados del trabajo:** enfermedades o lesiones sufridas con motivo u ocasión del trabajo.
- **Prevención:** conjunto de actividades o medidas adoptadas o previstas en todas las fases de actividad de la empresa con el fin de evitar o disminuir los riesgos derivados del trabajo.

La LPRL impulsa un nuevo enfoque sobre estos riesgos, inspirado por la cultura de la prevención. Los principios generales de la acción preventiva a los que hace referencia son, de mayor a menor importancia, los siguientes:

- Evitar los riesgos.
- Evaluar los riesgos que no se puedan evitar.
- Combatir los riesgos en su origen.
- Adaptar el trabajo a la persona: concebir los puestos de trabajo y elegir los equipos y los métodos de trabajo y producción de manera que atenúen el trabajo monótono y repetitivo, y reduzcan sus efectos sobre la salud.
- Considerar los avances tecnológicos.
- Sustituir lo peligroso por lo que entrañe poco o ningún peligro.
- Planificar la prevención, integrando la técnica, la organización y las condiciones de trabajo, las relaciones sociales y la influencia de los factores ambientales.
- Adoptar medidas que antepongan la protección colectiva a la individual.
- Instruir correctamente a los trabajadores.

Figura 1.2. Los equipos de protección individual (EPI) son una medida preventiva que minimiza los riesgos laborales.

En el ámbito laboral coexisten una serie de aspectos que pueden afectar a la salud. La ejecución de cualquier tarea conlleva modificaciones (mecánicas, físicas, químicas, psicológicas, etc.) que pueden repercutir sobre el trabajo. Para más información sobre

estas modificaciones, asociadas a los **factores de riesgo,** ver el capítulo 2.

En el desarrollo de una actividad preventiva adecuada se han de analizar y evaluar esas modificaciones, mediante las técnicas precisas, así como determinar sus efectos sobre la salud, para poder definir las **medidas preventivas** idóneas. Estas medidas deben eliminar o reducir los efectos negativos, y promover o potenciar los aspectos positivos (la participación, la comunicación, etc.) que contribuyan a mejorar la salud del trabajador y permitan garantizar su desarrollo profesional, personal o social.

3 Daños derivados del trabajo

3.1 Accidentes de trabajo

Los accidentes de trabajo engloban las lesiones producidas no solo en los **centro de trabajo**, sino también en los **desplazamientos** o trayectos habituales entre el domicilio del trabajador y su centro de trabajo, lo que se conoce como accidentes *in itinere.*

A pesar de su carácter inesperado, sorprendente o indeseado, los accidentes no surgen espontáneamente: no se producen por **casualidad.** Son fruto, **consecuencia y efecto** de una situación anterior, en la que se daban unas circunstancias que permitieron su producción.

Además, esas causas tienen un origen natural, no misterioso, que deben ser determinadas.

- El accidente de trabajo se define, legalmente, como toda **lesión corporal** que el trabajador sufra con ocasión o a **consecuencia del trabajo** que ejecuta por cuenta ajena.
- El **concepto técnico-preventivo**, más amplio, define el accidente de trabajo como todo **suceso anormal**, no querido ni deseado, que se presenta de forma brusca e inesperada, aunque normalmente **evitable**, y que interrumpe la normal continuidad del trabajo y puede causar lesiones a las personas.

Los accidentes siempre obedecen a **causas naturales y explicables**, que se deben identificar y controlar para evitar la materialización de nuevos accidentes. Aunque en ocasiones resulta un proceso laborioso y complejo encontrar esas causas, debemos abandonar la costumbre de achacar los accidentes a la «mala suerte», así como la tendencia a resignarnos frente al accidente, puesto que de ese modo no es posible prevenir la reaparición de esas causas ni la repetición de nuevos accidentes.

Se afirma que los accidentes de trabajo son los **indicadores** más evidentes e inmediatos de unas **malas condiciones laborales**. Debido a su frecuencia y gravedad, toda actividad preventiva debe encaminarse prioritariamente a combatirlos.

Para combatir los accidentes, ha surgido la **seguridad en el trabajo**, conjunto de técnicas y procedimientos cuyo objeto es la eliminación o la reducción del riesgo de que se produzcan los accidentes de trabajo.

3.2 *Enfermedades profesionales*

La legislación española, principalmente la Ley General de la Seguridad Social, determina qué se incluye dentro del concepto de enfermedad profesional. Desde el punto de vista sanitario existen una serie de disciplinas destinadas a prevenir las enfermedades provocadas por el trabajo.

> **Legalmente**, se define la **enfermedad profesional** como toda aquella que haya sido **contraída a consecuencia del trabajo** realizado por cuenta ajena, en las actividades que se especifican en el cuadro de enfermedades profesionales en el sistema de la Seguridad Social del Real Decreto 1299/2006, y que esté provocada por la acción de los **elementos o sustancias** que en dicho cuadro se indiquen para toda enfermedad profesional.

Esa definición, recogida en la **Ley General de la Seguridad Social**, se completa con el cuadro vigente, aprobado en el Decreto 1299/2006, de 10 de noviembre. Legalmente, las enfermedades contraídas a consecuencia del trabajo y no contempladas como enfermedades profesionales serán consideradas accidentes de trabajo.

> Desde el **punto de vista técnico-preventivo**, se habla de la enfermedad derivada del trabajo como aquel **deterioro lento y paulatino de la salud** del trabajador, producido por una exposición crónica a situaciones adversas, sean estas producidas por el ambiente en que se desarrolla el trabajo o por la forma en que este está organizado.

La enfermedad profesional viene condicionada por una serie de factores como:

- El tiempo de exposición.
- La concentración o intensidad del agente contaminante.
- La presencia simultánea de varios contaminantes.
- Las características personales de los trabajadores.

Al igual que sucede con los accidentes, también existe una disciplina preventiva orientada a controlar las enfermedades profesionales. Así, la **higiene industrial** es la técnica que previene su aparición, estudiando, valorando y modificando el medio ambiente físico, químico o biológico del trabajo.

3.3 Otras patologías derivadas del trabajo

Reducir la prevención a combatir exclusivamente los accidentes y las enfermedades conduciría a definir la salud como la mera ausencia de daño o enfermedad, y nos centraríamos tan solo en uno de los aspectos del concepto de salud definido por la OMS, lo que limitaría la tarea preventiva.

Considerando de manera integral la prevención, debemos asumir que en el trabajo pueden existir **elementos o factores agresivos** susceptibles de ocasionar **trastornos** que pueden dañar a las personas, sin necesitar tener un reflejo físico. Estos trastornos pueden **afectar al equilibrio mental y social** de los individuos, y llegar incluso a materializarse en dolencias somáticas o psicosomáticas.

Una **carga de trabajo inadecuada**, tanto física como mental, conduce generalmente a la **fatiga**, y no es ajena a la generación de **estrés** y de **insatisfacción laboral**.

Existen diversos instrumentos para combatir esos daños para la salud:

- La **ergonomía**, un conjunto de técnicas cuyo objetivo es la adecuación del trabajo a la persona.
- La **sicosociología**, que estudia los factores de naturaleza sicosocial y organizativa existentes en el trabajo, que pueden repercutir en la salud del trabajador.
- La **medicina del trabajo**, que partiendo del conocimiento del funcionamiento del cuerpo humano y del medio en que este desarrolla su actividad, tiene como objetivos la promoción de la salud (o prevención de la pérdida de salud), la curación de las enfermedades y la rehabilitación.

Figura 1.3. Hay que evitar la sobrecarga de trabajo porque puede conducir a estados de fatiga o estrés.

3.4 Impacto económico

No cabe duda de que los daños para la salud o el sufrimiento generado justifican plenamente por sí mismos las acciones preventivas encaminadas a evitarlos. Sin embargo, también conviene tener en cuenta el indudable impacto económico derivado de estos daños. Junto a esos costes directos, existen otros, indirectos, vinculados por ejemplo a:

- La producción no cubierta.
- La sustitución de la persona accidentada (contratación, formación, etc.).
- Los daños materiales ocasionados.
- Los retrasos en el suministro.
- La potencial pérdida de clientes.
- El deterioro de la imagen interna y externa de la empresa.

Todo ello repercute en el **funcionamiento de las empresas**, incrementando sus costes y menguando su competitividad, lo que

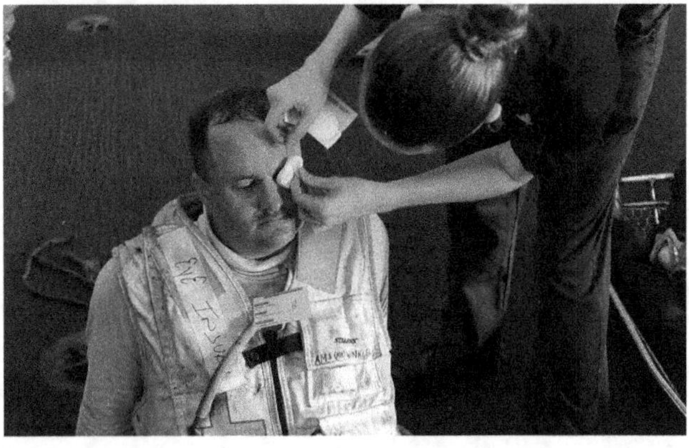

Figura 1.4. Los accidentes laborales tienen un grave impacto
en la salud y la economía de las empresas.

Manual de prevención de riesgos laborales

conlleva una seria amenaza a su supervivencia. La actitud de los trabajadores no es ajena al grado en que su salud esté amenazada, ni al grado de satisfacción de sus expectativas profesionales, personales o sociales.

4.1 Derechos y deberes básicos

Los derechos y los deberes de los españoles en relación con la seguridad y la salud en el trabajo están recogidos básicamente en la Constitución de 1978, el Estatuto de los Trabajadores y la Ley de Prevención de Riesgos Laborales.

La **empresa**, en consonancia con los principios de la acción preventiva, deberá garantizar la seguridad y la salud de los trabajadores a su servicio en todo lo relacionado con el trabajo.

Por su parte, los **trabajadores** deberán velar, según sus posibilidades, por su seguridad y salud, así como por la de las demás personas afectadas, a causa de sus acciones u omisiones en el trabajo, de conformidad con la formación y las instrucciones recibidas de la empresa. En concreto, deberán:

- Utilizar correctamente las máquinas, aparatos, herramientas, sustancias peligrosas, equipos de transporte, etc., y cualquier otro medio con los que desarrollen su actividad.
- Emplear correctamente los equipos de protección individual (EPI) puestos a su disposición.

Constitución Española de 1978

Norma principal del ordenamiento jurídico, recoge en su articulado:

- El derecho a la vida y a la integridad física y moral (art. 15).
- El deber de los poderes públicos de velar por la seguridad e higiene en el trabajo (art. 40.2).

Estatuto de los Trabajadores

Esta norma básica de las relaciones laborales señala:

- El derecho de los trabajadores a su integridad física y a una adecuada política de seguridad e higiene (art. 4.2).
- El derecho a una protección eficaz en materia de seguridad e higiene (art. 19.1).
- El deber de los trabajadores de cumplir con las obligaciones concretas de su puesto de trabajo y de observar las medidas de seguridad e higiene que se adopten (art. 5), específicamente en materia de seguridad e higiene (art. 19).

Ley de Prevención de Riesgos Laborales (LPRL)

Esta ley señala en su artículo 14:

- El derecho de los trabajadores a una protección eficaz en materia de seguridad y salud en el trabajo.
- El deber del empresario de proteger los trabajadores frente a los riesgos laborales.

La LPRL establece también el derecho de los trabajadores a:

- Ser informados y formados en materia preventiva.
- Ser consultados y participados en las cuestiones relacionadas con ella.
- Poder interrumpir la actividad en caso de riesgo grave e inminente.
- Recibir una vigilancia de su estado de salud.

- No poner fuera de funcionamiento y utilizar correctamente los dispositivos de seguridad de máquinas, aparatos, herramientas, etc.

- Informar de inmediato a su superior jerárquico y a los trabajadores designados en las actividades preventivas, en su caso, acerca de la situación que, a su juicio, entrañe razonablemente un riesgo para la seguridad y salud de los trabajadores.

- Contribuir al cumplimiento de las obligaciones establecidas por la autoridad competente con el fin de proteger la seguridad y la salud de los trabajadores en su actividad.

- Cooperar con la empresa y con los trabajadores que tengan encomendadas funciones específicas en materia preventiva para garantizar unas condiciones de trabajo seguras.

Hay que señalar que el derecho de participación en las empresas o centros con seis o más trabajadores se debe canalizar a través de los representantes de los trabajadores y de los representantes cualificados (delegados de prevención).

4.2 *La Unión Europea y las directivas comunitarias*

En esta como en otras cuestiones es imprescindible la referencia a las directivas comunitarias en la medida que el ordenamiento español ha experimentado una importantísima remodelación a partir de ellas.

La fundamentación jurídica se halla en el artículo 118 del **Tratado constitutivo de la Unión Europea**, cuyos objetivos son básicamente:

- Aumentar la protección de todos los trabajadores.
- Procurar la armonización entre los Estados en materia de seguridad y salud laboral, de manera que no existan diferencias significativas.

La denominada **política social** es una de las políticas europeas más importantes. En su seno su sitúa la **política de seguridad y salud de los trabajadores en el lugar de trabajo**, cuyo fin es fijar unos **niveles mínimos de protección**, aplicados por igual a los trabajadores de todos los países de la Unión Europea. En este ámbito se ha actuado tanto en temas de seguridad y salud en el trabajo como de seguridad de los productos.

Para alcanzar ambos objetivos se recurre usualmente a la elaboración de **directivas**, instrumentos jurídicos de carácter vinculante, cuyos destinatarios son los Estados miembros y que establecen las disposiciones mínimas que habrán de aplicarse.

Los Estados están obligados a alcanzar los resultados propuestos en las directivas (los objetivos), si bien gozan de una relativa libertad en cuanto a los medios a emplear para ello, en lo que se conoce como «transposición»; esto es, convertir las directivas en normas de obligado cumplimiento en el país, generando nuevas normativas o modificando la legislación existente.

En materia de seguridad y salud en el trabajo, la directiva fundamental es la 89/391/CEE, conocida como **Directiva Marco de Seguridad.** Su transposición al derecho español se realizó mediante la **Ley de Prevención de Riesgos Laborales,** que fija las reglas principales en materia de seguridad y salud laboral, tanto para empresas como para trabajadores. La promulgación de la Directiva Marco ha dado lugar un conjunto de directivas específicas sobre seguridad y salud en el trabajo, aplicadas a cuestiones como:

- Colectivos especiales de trabajadores (trabajadoras embarazadas, trabajadores jóvenes o trabajo temporal, por ejemplo).
- Lugares de trabajo (en general y especiales, como obras de construcción, canteras y minas, sondeos, buques, medios de transporte, agricultura, etc.).
- Agentes contaminantes físicos, químicos y biológicos (cancerígenos, amianto, plomo, ruido, radiaciones ionizantes, etc.).
- Otras temáticas (equipos de trabajo, pantallas de visualización, manipulación de cargas, accidentes mayores, equipos de protección individual, etc.).

> Otro objetivo importante de la legislación europea es la **seguridad del producto**, para garantizar que los productos comercializados en la UE sean «seguros» desde el momento de su puesta en el mercado, y que cumplen unos requisitos mínimos de seguridad para su comercialización.

La legislación europea sobre seguridad del producto obliga, por ejemplo, a que las **máquinas**, **herramientas**, materiales, equipos o productos que el trabajador utilice cumplan unas **mínimas condiciones de seguridad** garantizadas por la empresa fabricante o comercializadora.

Para comercializar un producto en Europa se deben cumplir los requisitos esenciales preestablecidos. Si lo hace, la empresa fabricante o la importadora, podrá estampar un **marcado CE**, que se convierte en una especie de etiqueta de producto seguro. Las directivas exigen también que junto con los productos se proporcione **información** (manuales de instrucciones, normas de uso, normas de mantenimiento, planos, etc.).

En 1992 se promulgó la Directiva 92/59/CEE, de **Seguridad general en los productos,** que ha sido transpuesta al ordenamiento nacional a través del Real Decreto 44/1996.

Actualmente, se pueden distinguir cinco grupos de directivas sobre productos utilizados en los lugares de trabajo:

- Maquinaria (sobre máquinas en general y sobre aspectos particulares, como carretillas, tractores, cables, cadenas, ganchos, etc.).
- Recipientes y aparatos a presión (recipientes simples a presión, aparatos a presión, botellas de gas, generadores de aerosoles, etc.).
- Materiales eléctricos y materiales utilizables en atmósferas explosivas.
- Sustancias y preparados peligrosos (disolventes, pinturas, barnices y afines, plaguicidas, explosivos, etc.), así como clasificación y etiquetaje, fichas de seguridad, etc.
- Otras directivas (equipos de protección individual, productos de la construcción, etc.).

4.3 *Legislación básica sobre seguridad y salud laboral en España*

El texto fundamental sobre en seguridad y salud laboral en España es la **Ley de Prevención de Riesgos Laborales** (Ley 31/1995, de 8 de noviembre), que ha servido para transponer no solo la Directiva Marco sino también otras tres directivas relativas a la protección de la maternidad, de los jóvenes y de las relaciones de trabajo temporal. Ello ha supuesto la superación del ordenamiento anterior, regulado fundamentalmente en la Ordenanza General de Seguridad e Higiene en el Trabajo de 1971.

La LPRL establece el marco jurídico en materia de seguridad y salud laboral, estructurado en los siguientes capítulos:

I.   Determina el carácter básico de las normas, el objeto de la ley y su ámbito de aplicación. Define conceptos básicos.

II.   Regula la actuación de las administraciones públicas (objetivos, normas reglamentarias, etc.). Establece la necesidad de cooperación entre las administraciones y la participación de los agentes sociales (empresas y trabajadores) en la Comisión Nacional de Seguridad y Salud en el Trabajo.

III. Desarrolla los derechos y obligaciones de trabajadores y empresas.

IV.   Trata sobre los servicios de prevención.

V.   Regula la consulta y participación de los trabajadores a través de los delegados de prevención.

VI.   Establece las obligaciones de empresas fabricantes, importadoras y suministradoras de maquinaria, equipos, productos y útiles de trabajo.

VII. Determina las responsabilidades legales, las infracciones (leves, graves y muy graves, en grado mínimo, medio y máximo) y las sanciones.

> Los **delegados de prevención** son los representantes de los trabajadores con funciones específicas en materia de prevención de riesgos laborales. A través de ellos se garantiza el derecho de consulta y participación de los trabajadores. Son designados por y entre los representantes del personal (delegados de personal o miembros del comité de empresa).

Los delegados de prevención tienen reconocidas como **competencias**:

- Colaborar con la dirección de la empresa en la mejora de la acción preventiva.
- Promover y fomentar la cooperación de los trabajadores en la ejecución de la normativa de prevención de riesgos laborales.

- Ser consultados sobre la planificación y la organización preventiva.
- Ejercer una acción de vigilancia y control del cumplimiento de la normativa.
- Formar parte, en su caso, del comité de seguridad y salud laboral.

En el ejercicio de sus competencias, están **facultados para**:

- Acompañar a los técnicos en la evaluación de riesgos y a los inspectores de trabajo en sus visitas de verificación.
- Tener acceso a la información y documentación necesaria para el cumplimiento de sus funciones.
- Visitar los lugares de trabajo para vigilar y controlar el estado de las condiciones de trabajo.

El tiempo utilizado por los delegados para el desempeño de sus funciones se considera como de **ejercicio de funciones de representación**, a efectos de utilización del crédito horario mensual previsto en el Estatuto de los Trabajadores. Sin embargo no es imputable a dicho crédito por considerarse **tiempo de trabajo efectivo**:

- El correspondiente a las reuniones del comité de seguridad y salud.
- El utilizado en las reuniones convocadas por la empresa para tratar temas de prevención.
- El destinado a las visitas para colaborar con la dirección de la empresa en la mejora de la acción preventiva.

Los delegados pueden hacer propuestas de mejora de los niveles de protección a la empresa y decidir la paralización de la actividad en determinadas circunstancias y en caso de riesgo grave e inminente. La empresa debe proporcionar a los delegados los medios y la formación en materia preventiva necesarios para ejercer sus funciones.

> Los delegados de prevención son nombrados conforme a la siguiente proporción:
>
> | | |
> |---|---|
> | De 6 a 49 trabajadores | 1 delegado |
> | De 50 a 100 trabajadores | 2 delegados |
> | De 101 a 500 trabajadores | 3 delegados |
> | De 501 a 1.000 trabajadores | 4 delegados |
> | De 1.001 a 2.000 trabajadores | 5 delegados |
> | De 2.001 a 3.000 trabajadores | 6 delegados |
> | De 3.001 a 4.000 trabajadores | 7 delegados |
> | De más de 4.000 trabajadores | 8 delegados |

La LPRL contempla también la creación del **comité de seguridad y salud,** órgano paritario de participación en la empresa, constituido por los delegados de prevención y por la empresa o sus representantes. Deberá constituirse en las empresas o centros con más de cincuenta trabajadores. Entre sus competencias destacan:

- Participar en la elaboración, puesta en práctica y evaluación de los planes y programas de prevención de riesgos.
- Promover iniciativas sobre métodos y procedimientos para la efectiva prevención de riesgos, proponiendo la mejora de las condiciones o la corrección de las deficiencias.

La LPRL integra también unas **disposiciones derogatorias** que determinan la vigencia provisional de algunas normas, a la espera de las sucesivas disposiciones de desarrollo reglamentario de los preceptos legales.

Reglamento de los servicios de prevención

El Real Decreto 39/1997 determina los procedimientos de evaluación de riesgos, las modalidades de organización, el funcionamiento y control de los servicios de prevención, así como las capacidades y aptitudes de dichos servicios y de los trabajadores designados.

La **evaluación de riesgos** es el proceso dirigido a estimar la magnitud de los riesgos que no hayan podido evitarse y obtener la información necesaria para que la empresa esté en condiciones de tomar una decisión apropiada sobre la necesidad de adoptar medidas preventivas.

La **organización de recursos** para el desarrollo de las actividades preventivas deberá realizarla la empresa conforme a alguna de estas modalidades:

- Asumiendo personalmente la actividad.
- Designando a uno o varios trabajadores.
- Constituyendo un servicio de prevención propio.
- Recurriendo a un servicio de prevención externo.

Dichos servicios deberán ser **suficientes y adecuados** a las actividades preventivas a desarrollar, según el tamaño de la empresa, los riesgos o la peligrosidad de las actividades desarrolladas.

Sobre las **capacidades o aptitudes**, el reglamento determina tres niveles funcionales (básico, intermedio y superior), así como la formación exigible en cada caso.

Otras normas de desarrollo reglamentario

Existen una serie de disposiciones de desarrollo de la LPRL. Entre ellas destacan:

- **Lugares de trabajo (RD 486/1997)**
  Establece las condiciones mínimas de seguridad y salud de los lugares de trabajo: estructuras, espacios, superficies, accesos, condiciones ambientales (iluminación, temperatura, etc.) y servicios.

- **Equipos de trabajo (RD 1215/1997)**
  Determina las disposiciones mínimas de seguridad y salud para utilizar los equipos: máquinas, aparatos, instrumentos o instalaciones.

- **Equipos de protección individual (RD 773/1997)**
  Establece las disposiciones que deben cumplir, los riesgos en que deben ser utilizados, la clasificación y las actividades o sectores donde resulten necesarios.

Otras materias sobre las que existen **disposiciones reglamentarias** que desarrollan la LPRL son:

- Señalización de seguridad y salud (RD 485/1997).
- Manipulación manual de cargas (RD 487/1997).
- Pantallas de visualización (RD 488/1997).
- Agentes biológicos (RD 664/1997).
- Agentes químicos (RD 374/2001).
- Agentes cancerígenos (RD 349/2003).

Otras **disposiciones legales** relacionadas indirectamente con esta cuestión son:

- La Ley 21/1992, de Industria, que regula la seguridad industrial, con disposiciones sobre máquinas y componentes, EPI, recipientes y aparatos a presión, materiales, sustancias, productos y preparados, etc.
- Disposiciones específicas sobre agentes químicos (plomo, amianto, cloruro de vinilo, etc.) o físicos (ruido, radiaciones ionizantes y no ionizantes, etc.).
- La Ley General de la Seguridad Social o la Ley General de Sanidad.

A través de la **negociación colectiva** y de los convenios colectivos también es posible establecer disposiciones sobre la prevención de riesgos laborales.

Para una eficaz implantación de la acción preventiva se recomienda consultar las guías técnicas publicadas por el Instituto nacional de seguridad e higiene en el trabajo (INSHT).

1. ¿Cómo define la salud la OMS (Organización Mundial de la Salud)?

a) El estado en el que la persona no requiere asistencia sanitaria.

b) El estado de bienestar físico, mental y social
completo, y no tan solo la ausencia de daño o enfermedad.

c) La ausencia de enfermedad.

2. La Ley de Prevención de Riesgos Laborales establece una serie de conceptos clave:

a) Riesgo laboral, daños derivados del trabajo, prevención.

b) Trabajo seguro, descanso remunerado, no exposición a tóxicos.

c) Ausencia de riesgo, prevención colectiva, enfermedad.

3. El concepto legal define el accidente como:

a) Suceso inesperado.

b) Toda lesión corporal que el trabajador sufra con casión
o a consecuencia del trabajo que ejecuta por cuenta ajena.

c) Suceso inesperado e involuntario.

4. Un principio general de la acción preventiva es:

a) Responsabilizarse de la producción.

b) Priorizar la protección individual sobre la colectiva.

c) Evitar los riesgos.

5. ¿Qué son los delegados de prevención?

a) Son los representantes de los trabajadores con
funciones específicas en materia de prevención de
riesgos laborales.

b) Son los trabajadores escogidos por el comité y la
dirección de la empresa.

c) Son los responsables de la prevención en la empresa.

2 Riesgos generales y su prevención

1 Factores de riesgo

Existe una relación mutua entre el hombre y su puesto de trabajo, que constituyen una unidad, conocida también como «sistema hombre-máquina».

En la relación entre el hombre y el puesto de trabajo intervienen múltiples factores, que determinan la situación de trabajo y que constituyen el origen de muchas de las **situaciones de riesgo** que se persigue evitar.

Los **factores de riesgo** se pueden clasificar en cinco grandes grupos:

- **Las condiciones de seguridad**
  Condiciones materiales que influyen sobre la accidentabilidad: elementos móviles, cortantes, electrificados, combustibles, etc. Es decir, máquinas y herramientas, equipos de transporte, instalaciones eléctricas o sistemas contra incendios, por ejemplo.

- **El medio ambiente físico de trabajo**
  Condiciones físicas del medio ambiente de trabajo: ruido, vibraciones, iluminación, temperatura y humedad, radiaciones, etc.

- **Los contaminantes químicos y biológicos**
  Agentes, sustancias o productos contaminantes químicos y biológicos que pueden estar presentes en el medio ambiente de trabajo.

- **La carga de trabajo**

  Exigencias, tanto físicas como psíquicas, que la tarea impone al individuo que la realiza: esfuerzos, manipulación de cargas, posturas de trabajo, niveles de atención, etc., asociados a cada trabajo.

- **La organización del trabajo**

  Factores debidos a la organización: división del trabajo, distribución horaria, velocidad de ejecución, relaciones interpersonales, etc.

2 Riesgos ligados a las condiciones de seguridad

El conjunto de condiciones materiales presentes en un puesto de trabajo, en una sección o en una empresa (situación de trabajo) están evolucionando constantemente. El trabajo modifica el ambiente y puede generar **situaciones de riesgo**, es decir, situaciones de trabajo no controladas en las que se pueden producir fenómenos no previstos al planificar el trabajo, como errores, incidentes, averías, defectos de producción o accidentes de trabajo.

> Para determinar las **condiciones de seguridad** hay que analizar aquellos factores del proceso productivo que pueden dar lugar a situaciones indeseables y causar daños a los trabajadores.

2.1 El lugar y la superficie de trabajo

Existen **factores de riesgo independientes de la maquinaria**: espacios reducidos de trabajo, almacenamientos inadecuados, falta de orden y limpieza, etc. Se trata principalmente de las deficiencias estructurales de construcción, la falta de señalización, los órganos móviles descubiertos, los riesgos de incendio o los de contacto eléctrico.

> El **lugar** en que se desarrolle el trabajo debe gozar de unas buenas **condiciones de seguridad,** pues ello no solo contribuirá a evitar accidentes sino también a desarrollar el trabajo con la mayor comodidad.

Pueden evitarse accidentes si conocemos los **peligros del entorno** y aplicamos unas adecuadas y sencillas medidas preventivas. Entre los peligros asociados al lugar de trabajo, destacan:

- Las caídas de los trabajadores, tanto al mismo nivel como a distinto nivel.
- Las pisadas de objetos.
- Los choques, tanto contra objetos móviles como inmóviles.
- Los atropellos con vehículos.
- Las caídas de objetos por desplome o derrumbamiento.

Entre las **medidas preventivas** que pueden contribuir a disponer de un lugar más seguro de trabajo, cabe señalar:

- Guardar las distancias de separación entre máquinas que proporcionen a los trabajadores espacio suficiente para acceder y moverse con seguridad en el entorno de ellas.
- Delimitar claramente los puestos de trabajo y disponer de un lugar fijo para depositar útiles y herramientas.

- Permitir un fácil acceso de las materias primas a los puntos de trabajo.
- Retirar los productos acabados y los materiales de desecho sin estorbar los movimientos de los operarios.
- Disponer de pasillos, corredores y escaleras de dimensiones adecuadas y libres de obstáculos.
- Señalizar adecuadamente esquinas y obstáculos fijos.
- Contar con una iluminación adecuada.
- Garantizar, mediante un adecuado mantenimiento, un buen estado de conservación de los edificios y las instalaciones generales (electricidad, agua, gas, aire comprimido, etc.).
- Establecer y señalizar adecuadamente pasillos diferentes para la circulación de trabajadores y vehículos.
- Evitar suelos resbaladizos y utilizar calzado adecuado al tipo de suelo.
- Colocar protecciones en huecos y paredes por los que puedan caer personas o materiales.

El **orden** y la **limpieza** posibilitan y potencian la seguridad. Deben ser promovidos, al igual que las periódicas inspecciones de los puestos de trabajo.

2.2 Las herramientas

En muchos lugares de trabajo es habitual utilizar herramientas, ya sean manuales o accionadas por motor, que pueden ocasionar lesiones y daños.

Los **peligros** más importantes que se derivan de la utilización de herramientas manuales son:

- El contacto con elementos cortantes.
- La proyección de fragmentos volantes.
- Las caídas por sobreesfuerzos.

Las **herramientas manuales** más utilizadas son martillos, cinceles, cuchillos, alicates, tenazas, llaves, destornilladores o punzones, entre otras. Las principales causas de las lesiones provocadas por las herramientas manuales son:

- La inadecuada utilización.
- El empleo de herramientas defectuosas o de mala calidad.
- El transporte y almacenamiento incorrecto.

Frente a ello, existen posibles **acciones o medidas de prevención:**

- Adquirir herramientas de calidad.
- Utilizarlas solo para el trabajo para el que han sido diseñadas.
- Instruir adecuadamente al personal en la utilización correcta de cada tipo de herramienta.
- Emplear gafas protectoras cuando exista peligro de proyección de partículas.
- Usar guantes al manipular herramientas cortantes.
- Llevar a cabo un mantenimiento adecuado y periódico (reparación, afilado, limpieza, etc.).
- Revisar periódicamente el estado de los mangos, recubrimientos, aislantes y otros elementos de las herramientas.
- Almacenar las herramientas adecuadamente en cajas o paneles, donde cada herramienta tenga su lugar.

Las **herramientas a motor** son cada vez más utilizadas en el trabajo, donde desplazan a las manuales y provocan la aparición de nuevos riesgos. Entre las más peligrosas figuran los martillos neumáticos, las taladradoras y las motosierras.

Figura 2.1. Las herramientas, tanto manuales como motorizadas, han de manipularse y almacenarse de manera adecuada para evitar riesgos y peligros.

Las **normas de prevención** aplicables a las herramientas a motor no difieren esencialmente de las vistas para las manuales, pero se han de tener en cuenta también algunas normas relativas a los riesgos derivados de la energía utilizada (aire comprimido, electricidad, etc.). Así, por ejemplo, las herramientas eléctricas deben funcionar con tensión de seguridad (24 voltios) o bien contar con doble aislamiento.

2.3 Las máquinas

Los **peligros** asociados a la maquinaria pueden ser:

- Mecánicos, asociados a factores físicos. En el trabajo pueden producirse lesiones por elementos móviles o de transmisión, por proyección de elementos de la máquina debido a una rotura o por proyección del material trabajado.
- Eléctricos, que pueden dar lugar a lesiones, quemaduras o incluso la muerte.

- Otros peligros, como por ejemplo, los derivados de la exposición al ruido, las vibraciones, de tipo térmico por no tener en cuenta los aspectos ergonómicos.

Entre las posibles **acciones preventivas** destacan:

- Adquirir máquinas seguras, que cuenten con el marcado CE, indicador de que cumple con las condiciones generales de seguridad. Una máquina segura es más barata y eficaz a la larga.
- Las máquinas se han de instalar, utilizar, mantener y reparar conforme a las instrucciones del fabricante. Ante cualquier duda, se ha de consultar el libro de instrucciones antes de realizar cualquier tarea.
- Cuando no es posible eliminar el riesgo en la propia máquina, debe recurrirse a medios de protección colectiva (resguardos, protecciones, dispositivos de seguridad, etc.).

Figura 2.2. Hay que evitar los peligros asociados a las máquinas como los mecánicos, los eléctricos, la exposición al ruido, las vibraciones, etc.

2.4 La energía eléctrica

La electricidad es una de las formas de energía más utilizadas en la mayoría de las actividades laborales, pero presenta importantes **riesgos** que hay que conocer y prever.

> El paso de la corriente eléctrica por el cuerpo humano puede provocar **quemaduras graves** e incluso la **muerte** por asfixia o paro cardíaco. La gravedad de los efectos y lesiones vendrá determinada por la duración e intensidad de la corriente.

Existen diversos tipos de contacto eléctrico: directo e indirecto.

El **contacto directo** es el contacto de personas con las partes activas de la instalación. En este caso, el riesgo será mayor cuanto más duradero e intenso sea el contacto. Para evitarlo se pueden tomar las siguientes medidas de precaución:

- Alejar los cables y las conexiones de los lugares de trabajo y paso.
- Interponer obstáculos.
- Recubrir las partes en tensión con material aislante adecuado.
- Utilizar tensiones inferiores a 25 voltios (voltaje de seguridad).

El **contacto indirecto** es el contacto de personas con masas puestas accidentalmente en tensión. Existen dos medios técnicos muy efectivos para evitar este tipo de contacto:

- La puesta a tierra, que desvía gran parte de la corriente eléctrica en caso de contacto indirecto y evita así que pase a través del cuerpo de la persona. Para garantizar su efectividad, hay que asegurarse de que esté bien diseñada y se encuentre en buen estado, por lo que su mantenimiento se ha de encargar a técnicos especialistas.
- El interruptor diferencial, aparato de precisión que corta la corriente casi en el mismo momento de producirse una corriente de derivación.

En cualquier caso, las **medidas preventivas básicas** son:

- No realizar trabajos eléctricos sin contar con la adecuada capacitación y sin estar debidamente autorizado para ello.
- Adoptar precauciones con las líneas eléctricas: mantener la distancia de seguridad.
- Utilizar equipos y medios de protección individual certificados.
- En lugares mojados o metálicos, emplear solo aparatos eléctricos portátiles a pequeñas tensiones de seguridad.
- Vigilar que el entorno sea seguro.

Las **cinco reglas de oro** que se deben aplicar cuando se trabaja en instalaciones eléctricas son:

1. Cortar todas las fuentes en tensión.
2. Bloquear los aparatos de corte.
3. Verificar la ausencia de tensión.
4. Poner a tierra y en cortocircuito todas las posibles fuentes de tensión.
5. Delimitar y señalizar la zona de trabajo.

También se deben adoptar medidas de precaución cuando se utilizan **herramientas eléctricas:**

- Los cables de alimentación deben estar dotados de un aislamiento seguro que no presente deterioro.
- Las conexiones se harán mediante clavijas normalizadas.
- Cuando se utilicen, las herramientas eléctricas manuales deben estar protegidas: tensiones de seguridad (24 voltios), diferenciales de alta sensibilidad (30 mA), puesta a tierra, doble aislamiento, etc.
- Comprobar periódicamente el correcto funcionamiento de las protecciones.
- Desconectar las herramientas después de utilizarlas o durante las pausas en los trabajos.
- Para desenchufarlas, no se debe tirar del cable.

Con carácter general, se han de seguir una serie de **recomendaciones al utilizar la energía eléctrica:**

- Comprobar que las clavijas, enchufes, interruptores automáticos, fusibles, etc. sean adecuados.

Figura 2.3. El contacto (directo o indirecto) con la corriente eléctrica implica graves riesgos que hay que conocer y prevenir.

- Impedir el acceso a partes en tensión, manteniendo en instalaciones cerradas las envolventes, preferiblemente con llaves que estén en poder de la persona responsable.

- Procurar que sean fácilmente accesibles los interruptores de alimentación y que todos conozcan cómo utilizarlos en caso de emergencia.

- Comprobar periódicamente las instalaciones y que la reparación y el mantenimiento sea realizado por electricistas capacitados.

- Contar con un listado de los aparatos portátiles al objeto de proceder a su revisión periódica.

- Retirar de uso cualquier aparato que presente algún problema y depositarlo en lugar seguro, con una etiqueta de no usar, a la espera de que sea revisado por personal competente.

- Hacer revisiones periódicas, por personal responsable, de los interruptores diferenciales.

- Desconectar de la red eléctrica las herramientas y los equipos antes de iniciar su limpieza, ajuste o mantenimiento.

- Disponer de carteles informativos sobre primeros auxilios ante descargas eléctricas.

2.5 Los incendios

La seguridad contra incendios contempla un conjunto de medidas encaminadas no solo a **evitar** que se produzca el siniestro, sino también a **controlar e impedir** su propagación. Ello permite desarrollar la prevención de incendios y la protección contra incendios.

> La **prevención de incendios** es el conjunto de acciones tendentes a impedir que se produzcan estos mediante la eliminación de alguno de los tres factores que hacen posible el fuego:
>
> - Combustible: cualquier sustancia sólida, líquida o gaseosa capaz de arder.
> - Comburente: normalmente, el aire (un 21 % del cual es oxígeno).
> - Calor: foco que proporcione calor suficiente para que se produzca el fuego (cigarrillos mal apagados, chispas, cortocircuitos, etc.).

Para evitar que se produzca el incendio se recomienda seguir las siguientes **normas generales**:

- Almacenar los productos inflamables y combustibles aislados y alejados de las zonas de trabajo.
- Utilizar recipientes herméticamente cerrados para almacenamiento, transporte y depósito de residuos.
- Disponer de permisos de trabajo especiales para operaciones de mantenimiento o reparación de instalaciones que hayan contenido, o por las que circulen, productos inflamables.
- Prohibir fumar e introducir útiles que generen llamas o chispas.
- Alejar las fuentes de calor (hornos, calderas, etc.) de las zonas que puedan incendiarse.
- Evitar que la instalación eléctrica origine focos de calor. Al terminar la jornada, comprobar la desconexión de los aparatos eléctricos de la red.
- No mezclar sustancias químicas cuya reacción se desconozca, pues puede generarse suficiente calor como para provocar el incendio.
- Las empresas contratadas que trabajen en locales de su cliente deberán conocer las normas internas de prevención de incendios.

La **protección contra incendios** es un conjunto de acciones encaminadas a que, en caso de iniciarse el fuego, este quede reducido tanto en su
propagación como en sus consecuencias. Esta protección se basa en los
sistemas de detección, alarma y extinción.

Iniciado el incendio, el tiempo de actuación es fundamental. Es importante que los centros de trabajo cuenten con **detección automática,** o al menos, aquellas zonas donde el riesgo de incendio sea mayor.

Las medidas de extinción dependerán del **tipo de fuego.** Se identi-
fican cinco clases de fuegos:

- Clase A: sólidos con brasa, como madera, papel, textiles, etc.
- Clase B: líquidos inflamables y sólidos licuables, como gasolina,
  cera, gasoil, etc.
- Clase C: Gases inflamables, como butano, acetileno, etc.
- Clase D: Metales y productos químicos reactivos.
- Clase E: Fuegos eléctricos.

Se conoce como **extintor** un aparato que contiene una sustancia
extintora que puede ser proyectada sobre el fuego por la acción de una

*Figura 2.4. Hay que prestar especial atención a la señalización
para evitar que se produzcan incendios.*

presión interna. El posible tipo de fuego determinará la ubicación de los extintores.

No todos los **agentes extintores** son adecuados. Un mal uso de los mismos puede ser contraproducente para el incendio. Entre los agentes extintores más empleados están el agua (a chorro o pulverizada), la espuma, el polvo químico (seco, polivalente, etc.), la nieve carbónica y los halones. Se deben seguir las siguientes normas en relación con los extintores:

- Han de estar perfectamente señalizados y tener un fácil acceso, de manera que su punto más elevado no se encuentre a más de 1,70 m del suelo.
- Su mantenimiento debe realizarse trimestralmente, comprobando su accesibilidad, buen estado general, precintos, estado de carga (peso y presión) y partes mecánicas (boquilla, válvulas, mangueras, etc.).
- Tienen que ser revisados anualmente por personal especializado.

2.6 Almacenamiento, manipulación y transporte

Una óptima ubicación de los **almacenes generales**, en consonancia con el proceso productivo, ayuda a mejorar las condiciones de trabajo y la productividad, en la medida que evita entrecruzamientos entre materiales y personas. Por el contrario, una mala ubicación de los almacenes, además de generar pérdidas de tiempo, puede producir desplomes, golpes, atropellos, incendios, etc.

> Un **almacenamiento correcto** de los materiales previene riesgos de desprendimiento, de desplazamiento de cargas, etc., con sus posibles consecuencias.

En el almacenamiento de los materiales se han de seguir las siguientes recomendaciones:

- Almacenar los objetos en vertical sobre el nivel del suelo evitando que se descompensen.
- No permitir que los objetos sobresalgan de las pilas de mercancías o cajones en que se depositen.
- No subir a los bastidores para acceder a las repisas superiores. Utilizar escaleras.
- No apoyar las pilas pesadas en paredes estructurales.
- No deshacer los apilamientos arrojando cosas desde arriba o tirando desde abajo.
- No superar la carga de seguridad de bastidores, repisas o suelos.
- Calzar los objetos que puedan rodar (por ejemplo, cilindros y carretes) y mantener los objetos pesados cerca del nivel del suelo.
- Proteger el material de la humedad y el calor.
- Inspeccionar periódicamente los contenedores y los bastidores, evitando que resulten dañados por las horquillas de las carretillas y por otros vehículos.

Debe evitarse que los **puestos de trabajo** se conviertan en un pequeño almacén. Si, además, no están limpios y ordenados son una fuente de problemas (demoras en el trabajo, atascos, accidentes, etc.). Por ello, es recomendable:

- Retirar de la zona de trabajo lo que no esté en uso y no se necesite.
- Tener solo la materia prima necesaria para cada jornada.
- Evitar que los materiales se apoyen directamente en el suelo, utilizando bastidores, tarimas, barras de apoyo, contenedores, etc.
- Determinar un lugar para cada cosa y colocar cada cosa en su lugar.

> Para el **transporte y manejo de materiales**, se utilizan equipos elevadores (ascensores, plataformas elevadoras y montacargas), aparatos (grúas y aparejos) y otros elementos auxiliares (cadenas, eslingas, cabestrillos, ganchos, horquillas, etc.). Los equipos de elevación de cargas deben garantizar unas condiciones aceptables de seguridad.

El peligro más habitual derivado de los equipos de transporte y manejo de materiales es el mal funcionamiento de algunos de sus elementos,

     Manual de prevención de riesgos laborales

Figura 2.5. Hay que seguir las recomendaciones para garantizar la organización óptima de los almacenes y prevenir posibles incidencias.

susceptible de ocasionar roturas que pueden provocar graves consecuencias (desprendimiento de objetos, caída de altura, golpes o atrapamientos). Se han de adoptar tres tipos de **medidas de precaución**:

- **Normas básicas aplicables a los equipos y a los elementos auxiliares**
  - Utilizar máquinas y elementos en buen estado, y adecuados a la actividad a realizar.
  - Revisar periódicamente todos los elementos cuyo deterioro conlleve un riesgo.
  - Comprobar, antes de poner la máquina en funcionamiento, todos los elementos importantes.

- **Medidas relativas al método de trabajo**
  - Realizar las operaciones (elevación o descenso, por ejemplo) lentamente, evitando arranques y paradas bruscas.
  - No dejar cargas suspendidas.
  - No trasladar cargas por encima de personas o puestos de trabajo.

- Prohibir la presencia de personas debajo de cargas izadas.
- Situar al maquinista en una posición desde la que controle tanto la zona de carga como la de descarga.
- Dotar a los conductores de formación suficiente y adecuada, teórica y práctica.
- Guardar las llaves en lugar seguro cuando no se utilicen las máquinas.

- **Medidas relacionadas con el transporte interior**
  - Delimitar claramente zonas de circulación de materiales y personas, separadas si es posible.
  - Dejar libres de obstáculos las zonas de circulación.
  - Mantener bien iluminadas las zonas de paso y circulación.
  - Vigilar que la anchura de la zona sea la adecuada, en función de la máquina.

Estas medidas de precaución deben ser conocidas por todo el **personal** que realice operaciones de transporte y manejo de materiales. Además, en esas operaciones el personal deberá ir provisto de la ropa de trabajo adecuada, prescindiendo de cualquier clase de adorno.

La **elevación manual de cargas** es una de las mayores causas de lesiones en el trabajo. Por ello debe procurarse reducir al mínimo posible la manipulación manual. Cuando no se disponga de equipos mecánicos habrá de emplearse una técnica de levantamiento adecuada a la forma y al peso de la carga a manipular.

2.7 La señalización

La señalización proporciona indicaciones relativas a la seguridad de personas o bienes. Es eficaz como **técnica complementaria**, pero por sí misma nunca elimina el riesgo.

Figura 2.6. La correcta señalización de la zona de trabajo no elimina el riesgo, pero es una técnica necesaria para la prevención.

Las señales de seguridad resultan de la combinación de una **forma geométrica**, un **color** (denominado, de seguridad) y un **símbolo** o pictograma.

Los **colores de seguridad** son:

- Rojo: parada, prohibición, lucha contra incendios.
- Amarillo: atención, zona de peligro.
- Verde: situación de seguridad, primeros auxilios.
- Azul: obligación, indicaciones.

Atendiendo al **significado**, existen señales de:

- Prohibición (de comportamiento).
- Obligación (de comportamiento).

- Advertencia (de riesgo o peligro).
- Salvamento (indicaciones de salidas de socorro, primeros auxilios, etc.).
- Indicaciones (informaciones distintas de las anteriores).
- Señal adicional o auxiliar (texto que acompaña a las anteriores).

Hay que recurrir a la señalización:

- Cuando no se pueda eliminar el riesgo en el proyecto.
- Cuando no es posible utilizar sistemas de protección colectiva.
- Cuando no se pueda proteger al trabajador mediante EPI.
- Como complemento a las restantes acciones preventivas.

2.8 Trabajos de mantenimiento

Los trabajos de mantenimiento son necesarios para prevenir paradas y averías, o para solventarlas si se producen. Nunca deben ser realizados por personas que no dispongan de la formación adecuada. Además, se han de planificar y evitar la realización de operaciones puntuales por personal no especializado.

> Antes de llevar a cabo **trabajos de mantenimiento en una máquina** se debe interrumpir el suministro de energía eléctrica, hidráulica o neumática, desconectando y bloqueando el interruptor de alimentación y las válvulas de entrada. También hay que anular las energías residuales.

En la consignación de máquinas se deben observar las siguientes **normas:**

- Para bloquear interruptores o válvulas, utilizar candados con una sola llave, en poder de la persona que realiza el trabajo.
- Cuando sean varios los trabajadores, utilizar dispositivos de bloqueo múltiples, que permitan colocar varios candados (cada uno el suyo).
- Solo debe poder conectarse la alimentación cuando se hayan quitado todos los candados.
- Señalizar la consignación de la máquina.

En ocasiones, para ejecutar ciertas tareas, puede requerirse un **permiso de trabajo**. Se trata de un documento que especifica el trabajo que hay que hacer y las precauciones que se deben adoptar.

Hay que utilizar permisos de trabajo en las siguientes tareas:

- La entrada a recipientes, espacios confinados o máquinas.
- Los trabajos en atmósferas que pueden ser explosivas con herramientas que pueden producir chispas.
- Los trabajos de apertura o desconexión de recipientes que hayan contenido sustancias inflamables o tóxicas.
- Los trabajos en tejados y zanjas.

Los **espacios confinados** son recintos con aberturas limitadas de entrada y salida, y ventilación natural desfavorable, en los que pueden acumularse atmósferas tóxicas, inflamables o pobres en oxígeno y que no están concebidos para una ocupación continuada.

Existen espacios confinados en todos los sectores de actividad industrial: pozos y alcantarillas, sótanos, fosos, depósitos, tanques, cu-

Figura 2.7. El trabajo en espacios confinados entraña unos peligros específicos para los que hay que tomar las medidas preventivas adecuadas.

bas, silos, túneles, entre otros ejemplos. En esos supuestos, se pueden aplicar las siguientes **medidas:**

- Elaborar un procedimiento de trabajo.
- Antes de entrar, analizar la atmósfera para determinar su peligrosidad (sustancias tóxicas, inflamabilidad, ausencia de oxígeno, etc.).
- Seguir las instrucciones del permiso de trabajo y entrar con los medios y equipos necesarios (herramientas especiales, arnés con cuerda de salvamento, ventilación continua, etc.).
- No utilizar motores de combustión.
- Disponer de equipo de rescate en el exterior, con personal formado en rescate y primeros auxilios.

3 Riesgos ligados al medio ambiente de trabajo

La presencia de determinados agentes en el medio ambiente de trabajo, como sustancias químicas, energía en cualquier estado (mecánica, electromagnética o calorífica) o microorganismos, puede repercutir, a corto, medio o largo plazo, en la salud de las personas.

3.1 Exposición laboral a agentes químicos

Se cuentan por miles las sustancias químicas manejadas en los puestos de trabajo o generadas durante el proceso productivo.

> Los **contaminantes o agentes químicos** son sustancias químicas susceptibles de ser absorbidas por el organismo y de producir, en un periodo de tiempo más o menos dilatado, efectos dañinos para la salud del individuo.

No importa su origen, natural o artificial, pues lo determinante es que estas sustancias sean tóxicas, es decir, que puedan producir daños si la cantidad absorbida, conocida como **dosis,** es suficiente para ello. A menor dosis necesaria para que una sustancia produzca daños en el organismo, mayor es su toxicidad.

Los **efectos** de los agentes químicos pueden ser diversos y de importancia variable; unos son casi inmediatos, y otros se manifiestan mucho tiempo después de cesar la exposición. En función de estos efectos, los **agentes químicos** se clasifican en:

- Corrosivos: destrucción de los tejidos sobre los que actúa el agente.
- Irritantes: irritación de piel o de mucosas en contacto con el agente.
- Neumoconióticos: alteración pulmonar por partículas sólidas.
- Asfixiantes: desplazamiento del oxígeno del aire o alteración de los mecanismos oxidativos biológicos.

- Anestésicos y narcóticos: depresión del sistema nervioso central.

- Sensibilizantes: efecto alérgico del contaminante (por ejemplo, asma).

- Cancerígenos: producción de cáncer.

- Mutágenos: modificaciones hereditarias.

- Teratógenos: malformaciones en la descendencia.

- Sistémicos: alteraciones de órganos o sistemas específicos (por ejemplo, el riñón).

Los agentes químicos son absorbidos a través de una o varias **vías de entrada:**

- Vía respiratoria (nariz, boca, pulmones, etc.): con el aire respirado pueden penetrar polvos, humos, aerosoles, gases, vapores de productos volátiles, etc.

> La **vía respiratoria o inhalatoria** constituye la vía de entrada más importante de los agentes químicos. Para conocer la dosis absorbida por una persona se debe saber la **concentración del contaminante** (cantidad de tóxico que hay en el aire) y el **tiempo de exposición** (tiempo durante el cual el sujeto se halla expuesta). A mayor concentración o tiempo de exposición, mayor será la dosis.

- Vía dérmica (piel): muchas sustancias son capaces de atravesar la piel, sin causar erosiones o alteraciones perceptibles, e incorporarse a la sangre, para luego distribuirse por el cuerpo. La superficie total de piel expuesta es muy importante, así como su estado. En ocasiones puede estar debilitada por lesiones o por la acción de disolventes o limpiadores capaces de eliminar las sustancias que protegen la piel.

- Vía digestiva (boca, estómago, intestinos, etc.): también se pueden ingerir contaminantes disueltos en las mucosidades del sistema respiratorio.
- Vía parenteral (heridas, llagas, etc.): a través de la penetración directa.

Los **gases** y los **vapores** se mezclan con el aire que respiramos, llegan así directamente a los pulmones, se incorporan a la sangre y se distribuyen por el organismo. Permanecen en el aire por un espacio prolongado de tiempo, se expanden rápidamente y carecen, a veces, de olor o color.

Los **sólidos** y los **líquidos** también pueden permanecer suspendidos en el aire en forma de **aerosoles**. Los líquidos forman nieblas y los sólidos pueden ser polvo (de origen mecánico, como el serrín) o humo (generalmente, de origen térmico).

El **tamaño** y la geometría de las partículas de los aerosoles son factores a tomar en cuenta: determinan su peligrosidad y su permanencia en el aire. Algunas partículas de pequeño tamaño, generalmente invisibles al ojo humano, pueden llegar al fondo del pulmón y ocasionar graves problemas de salud.

3.2 Exposición laboral a agentes físicos

El personal laboral puede estar expuesto a diversas energías en el ambiente de trabajo:

- Energía mecánica (ruido y vibraciones).
- Energía electromagnética (radiaciones ionizantes y no ionizantes).
- Energía calorífica (frío y calor).

En ocasiones, el ruido provoca otros efectos negativos para la salud: alteraciones respiratorias, cardiovasculares, digestivas o visuales, así como trastornos de sueño, irritabilidad y cansancio.

Además, el ruido disminuye el nivel de atención, con lo que aumenta el tiempo de reacción frente a estímulos externos, favorece la comisión de errores y, consecuentemente, los accidentes.

Las vibraciones pueden ser de:

- Muy baja frecuencia (por ejemplo, el balanceo de trenes).
- Baja frecuencia (por ejemplo, vehículos en movimiento y carretillas, que pueden tener efectos sobre el oído interno y en los tiempos de reacción).
- Elevada frecuencia (por ejemplo, motosierras y martillos neumáticos, que pueden provocar problemas articulares, vasomotores y en brazos y piernas).

Las **radiaciones ionizantes** son aquéllas en las que se originan partículas con carga eléctrica (iones) al interaccionar con la materia. Son radiaciones ionizantes las electromagnéticas de mayor frecuencia (rayos X, rayos gamma) y las corpusculares (partículas atómicas). Las radiaciones ionizantes pueden originar daños muy graves para la salud, entre los que destaca el cáncer.

Las **radiaciones no ionizantes** no son capaces de arrancar electrones de la materia que iluminan para convertirlos en iones. Incluyen las radiaciones electromagnéticas de menor frecuencia que la necesaria para producir ionización. Generan efectos de diversa naturaleza sobre el organismo:

- Radiaciones ultravioletas: afecciones en la piel (enrojecimientos y quemaduras) y en los ojos (conjuntivitis), por exposición.
- Radiación infrarroja: lesiones en la retina y daños en la piel, por calor.
- Microondas: especialmente peligrosas, por la gran capacidad de calentamiento.
- Láser: tienen un gran poder destructor de los tejidos.

La **luz visible** es una radiación electromagnética de menor frecuencia y puede dar lugar a daños habituales, si bien menos graves, relacionados con la iluminación.

A mayor dificultad para la percepción visual, mayor debe ser el nivel medio de iluminación. Para reducir el riesgo de accidentes, el lugar de trabajo debe disponer de:

- Suficiente nivel de iluminación.
- Contraste adecuado: a mayor exigencia de agudeza visual, mayor debe ser el grado de contraste. El contraste puede mejorarse dis-

minuyendo los deslumbramientos por reflexión (puestos de trabajo entre las líneas de luminarias, paralelas al eje de visión de la persona).

- Control de los deslumbramientos: el deslumbramiento será mayor cuanto mayor sea la cantidad de luz por unidad de superficie, el contraste y el tiempo de exposición. También influye la proximidad de la fuente luminosa. Entre otras medidas, es recomendable cubrir las lámparas con difusores o dispositivos que regulen la luz e impidan la visión directa del foco luminoso; utilizar materiales, acabados superficiales y pinturas mates, eliminando objetos muy pulidos o brillantes.
- Cierto grado de confort visual.

> El ser humano, como animal mamífero, necesita mantener una **temperatura interna constante**, para lo cual cuenta con mecanismos físicos y fisiológicos naturales.

El organismo humano genera calor mediante la actividad física: en función de su intensidad, la cantidad de calor será mayor o menor. Para evitar que el exceso de calor descompense la temperatura interna, el hombre dispone de mecanismos de defensa destinados a disipar el exceso de calor acumulado (por ejemplo, el sudor). Esos mecanismos también impiden la pérdida de calor interno.

Los intercambios de calor entre el organismo y el ambiente dependen de las **condiciones termohigrométricas** del medio, que son mesurables y cuyos valores determinan los riesgos o el confort:

- La temperatura y la velocidad del aire.
- La humedad ambiental.
- El tipo de vestimenta.
- El consumo metabólico del sujeto.

Figura 2.8. El lugar de trabajo ha de estar siempre correctamente iluminado para garantizar el confort visual.

Existe una escala de sensaciones, del calor al frío, pasando por una zona térmicamente confortable. La superación de los límites de la escala por exceso o defecto puede acarrear consecuencias muy graves. La salud puede verse afectada cuando los mecanismos de generación o de disipación de calor se ven sobrepasados.

- Exposiciones a ambientes calurosos pueden generar golpes de calor, desmayos, deshidrataciones, etc.
- Exposiciones a ambientes muy fríos pueden ocasionar hipotermia y congelación.

3.3 Exposición laboral a agentes biológicos

El personal laboral puede estar expuesto a microorganismos y endoparásitos humanos susceptibles de ser tóxicos o generar infecciones y alergias.

Por una parte, existen actividades en las que deliberadamente se **manipulan agentes biológicos** (por ejemplo, los laboratorios de diagnóstico microbiológico). Y, por otra, el personal laboral puede estar expuesto a agentes biológicos debido a la **naturaleza del trabajo** desarrollado en algunas actividades (por ejemplo, en la agricultura y la ganadería que requieren contacto con animales o sus productos, la producción de alimentos, la sanidad y el saneamiento de residuos o aguas residuales).

Los agentes biológicos pueden **clasificarse** atendiendo a cuatro características:

- La capacidad de provocar enfermedades en el ser humano y la gravedad de las mismas.
- La peligrosidad para el personal laboral expuesto.
- La capacidad de contagio de la enfermedad entre un grupo humano.
- La existencia de tratamiento adecuado para la enfermedad.

Esta clasificación sirve para determinar los niveles de protección idóneos para cada agente biológico y para cada actividad.

3.4 La evaluación del riesgo

Para evaluar el riesgo de exposición hay que conocer los **niveles** de presencia del agente (químico, físico o biológico) en el medio y el **tiempo** de exposición, y comparar este dato con el criterio de valoración o **valor límite.** Si el valor límite es superado puede existir un peligro para la salud.

Ese valor se determina legislativamente en cada país. En caso de no ser así, se recurre al valor establecido por una institución reconocida. En España, el plomo, el amianto y el cloruro de vinilo monómero están legislados según los criterios *threshold limit value* (TLV) o límite de exposición profesional que utiliza la American Conference of Governmental Industrial Hygienists (ACGIH). El ruido, la iluminación y las radiaciones ionizantes también están legislados, al igual que los agentes biológicos.

3.5 El control del riesgo

No siempre es posible evitar los riegos laborales. Determinados trabajos hacen inevitable algún tipo de contacto con los agentes físicos o químicos o con la energía calorífica.

> Cuando no sea posible eliminar el riesgo, hay que procurar minimizarlo, mediante actuaciones sobre el **foco**, sobre el **medio** o sobre el **receptor** (trabajador), de manera individual o combinada.

Las **actuaciones sobre el foco** incluyen:

- Sustituir el agente por otro inerte o de menor peligrosidad.
- En la fase de diseño de una instalación, seleccionar equipos concebidos para evitar la exposición a los agentes mencionados.
- Aplicar modificaciones en el proceso (automatización, productos en otro estado de presentación, etc.).
- Encerrar el proceso (encapsular la operación, el ruido, etc.).
- Aislar el proceso en instalaciones aparte.
- Practicar una extracción localizada.
- Hacer un mantenimiento preventivo de los equipos de trabajo.

Entre las **actuaciones sobre el medio**, complementarias de las anteriores y no sustitutivas, figuran:

- Mantener limpios los suelos, las paredes, la maquinaria, etc.
- Disponer de un sistema de ventilación general o por dilución, incrementando los caudales de aire de renovación existentes.
- Aumentar la distancia entre el foco y el receptor, y ayudar a diluir la concentración del agente (agentes químicos) o a disminuir su intensidad (agentes físicos).
- Instalar sistemas de alarma que avisen cuando se supere cierta concentración o intensidad, y detecten fugas y aumentos inesperados.

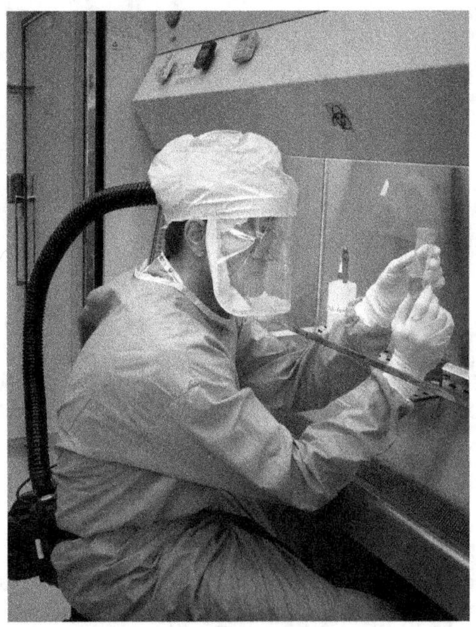

Figura 2.9. Determinados trabajos implican contacto con agentes químicos altamente peligrosos, por lo que hay que conocer el plan preventivo.

Entre las **actuaciones sobre el personal laboral** están:

- Formar e informar a cada persona, como primer recurso y eslabón básico en la cadena de la acción preventiva.
- Reducir el tiempo de exposición (por ejemplo, rotando al personal empleado en operaciones de potencial alta peligrosidad).
- Encerramiento del trabajador. Debe ser planteado con mucha prudencia dada la posible conflictividad de la medida.
- Contar con equipos de protección individual como último recurso. Deben considerarse una medida provisional, a la espera de adoptar otras soluciones. Sin embargo, en ocasiones, pueden ser imprescindibles y muy valiosos.

4 Carga de trabajo, fatiga e insatisfacción laboral

Trabajar supone un esfuerzo físico y mental que tiene como consecuencia la **fatiga**. Además, en cualquier organización confluyen factores psicosociales que inciden en la **satisfacción de los operarios** y en la calidad de su trabajo.

La **carga de trabajo** es un factor de riesgo presente en todas las actividades laborales y en cualquier empresa. Globalmente, se define como el conjunto de requerimientos psicofísicos a los que se ve sometido el trabajador a lo largo de su jornada laboral. Puede hablarse por tanto de carga física y de carga mental.

La carga física alude al conjunto de requerimientos físicos a los que está sometida la persona a lo largo de la jornada laboral. La carga física se puede valorar en tres aspectos de la actividad: el esfuerzo físico, la postura de trabajo y la manipulación de cargas.

- **El esfuerzo físico**

  Al llevar a cabo un esfuerzo físico se desarrolla una actividad muscular, con un consumo de energía y un aumento de los ritmos respiratorio y cardíaco. El consumo energético y la frecuencia cardíaca determinan la penosidad de una tarea: a mayor consumo, más penosa es. Prevenir la sobrecarga pasa por favorecer que el consumo energético y la frecuencia cardíaca se sitúen dentro de unos valores razonables.

- **La postura de trabajo**

  Las posturas desfavorables contribuyen a hacer el trabajo más pesado y desagradable, aceleran la aparición del cansancio y pueden generar consecuencias más graves a largo plazo:

  - El trabajo sentado es el más confortable, pero puede convertirse en incómodo si no se consideran adecuadamente

     Manual de prevención de riesgos laborales

los elementos que intervienen en la realización del mismo, o si no se alterna con otras posiciones que supongan algo de movimiento.
- El trabajo de pie conlleva una sobrecarga de los músculos de las piernas, la espalda y los hombros.

Para evitar posturas forzadas e incómodas se recomienda tomar las siguientes medidas preventivas:

- Situar el plano de trabajo, los elementos de accionamiento y control y las herramientas dentro del área de trabajo.
- Diseñar la altura del plano de trabajo en función de la actividad a realizar. Un trabajo de precisión requerirá una altura superior para favorecer la vista, mientras que un trabajo con importante esfuerzo físico necesitará una altura menor para aprovechar la fuerza corporal.
- Para no acelerar la aparición del cansancio, es conveniente alternar la posición de trabajo de pie con otras posturas (sentado, en movimiento, etc.).

- **La manipulación de cargas**
Existe una legislación sobre la manipulación manual de cargas que entrañen riesgos dorsolumbares, pero no establece un peso máximo para ello. Para una correcta manipulación manual de cargas se deben respetar las siguientes normas:

- Apoyar firmemente los pies.
- Separar los pies uno del otro una distancia de 50 cm, aproximadamente.
- Doblar la cadera y las rodillas para cargar.

- Tomar la carga manteniéndola pegada al cuerpo y levantarla gradualmente, estirando las piernas y manteniendo la espalda recta.
- Mantener la cabeza levantada.
- Distribuir la carga, en lo posible, entre las dos manos.

> Los expertos consideran aceptable manipular una **masa máxima** de 25 kg para hombres y 15 kg para mujeres, mayores o menores siempre que las condiciones óptimas de manutención se respeten.

4.2 La carga mental

En ocasiones los trabajos requieren de la persona esfuerzos mentales importantes de atención y memoria. La carga mental es el **nivel de actividad mental** necesaria para desarrollar el trabajo. Entre los factores más significativos de la carga mental destacan:

- La cantidad de información recibida.
- La complejidad de la respuesta exigida.
- El tiempo en que se ha de responder.
- Las capacidades individuales.

4.3 La fatiga

Es una consecuencia directa de la carga de trabajo, tanto física como mental.

El aumento del absentismo, principalmente en forma de períodos cortos de ausencia, puede reflejar una necesidad de descanso y suele constituir un indicador colectivo de situaciones anómalas relacionadas con la carga de trabajo.

> La fatiga se define como la **disminución de la capacidad** física y mental de un individuo, después de haber realizado un trabajo durante un período de tiempo determinado.

Las siguientes **medidas preventivas** pueden contribuir a actuar contra la fatiga:

- Adaptar la carga de trabajo a las capacidades de cada persona.
- Situar los elementos de mando y control dentro del campo eficaz de trabajo del operario.
- Organizar las tareas de manera que permitan combinar distintas posturas de trabajo.
- Procurar dotar a las tareas de un nivel de interés creciente.
- Controlar la cantidad y la calidad de la información tratada.

Figura 2.10. La carga de trabajo excesiva puede provocar una disminución de las capacidades físicas y mentales del trabajador.

- Adecuar el número y la duración de los períodos de descanso en relación a la tarea.

- Elegir un mobiliario de trabajo adecuado a las tareas a desempeñar, de manera que cumpla requisitos ergonómicos.

- Mantener los factores ambientales (ruido, iluminación, temperatura, etc.) dentro de los valores de confort.

- Aconsejar una adecuada nutrición en relación con el consumo metabólico producido en el trabajo.

4.4 La insatisfacción laboral

Refleja en cierta medida la falta de acomodación de las características del trabajo a los deseos, las aspiraciones o las necesidades del trabajador.

> La insatisfacción laboral se define como el **grado de malestar experimentado** por el trabajador con motivo de su trabajo.

Generalmente, esta insatisfacción puede estar provocada por ciertos elementos de la organización del trabajo, conocidos como **factores psicosociales:** salario, falta de responsabilidades, relaciones personales insatisfactorias, trabajos rutinarios, presión de tiempo, falta de promoción, ausencia de participación, inestabilidad en el empleo, etc. Sin embargo, no pueden obviarse las **características individuales**, pues no todo el mundo reacciona igual ante la misma situación.

La insatisfacción repercute negativamente en la **salud** de los trabajadores (desmotivación, actitud negativa, ansiedad, etc.) y en la **organización** (absentismo, cambios de trabajo, actitud negativa hacia la seguridad en el trabajo, etc.). Para prevenir la insatisfacción laboral hay que actuar sobre la organización del trabajo:

- Favorecer nuevos modelos de planificación de las tareas, facilitar la participación y el trabajo en grupo, y evitar trabajos monótonos y repetitivos.
- Impulsar desde la dirección cambios en los canales de comunicación, promoción y formación del personal laboral.

5 La protección de la seguridad y salud de los trabajadores en el trabajo

La protección de la seguridad y salud del personal en el trabajo va más allá del cumplimiento de las obligaciones formales. La Ley de Prevención de Riesgos Laborales (LPRL) establece un **enfoque preventivo** que incluye:

- Planificación de la prevención, desde el momento mismo del diseño empresarial.
- Evaluación de los riesgos laborales y su actualización periódica.
- Adopción de medidas adecuadas a la naturaleza de los riesgos detectados.
- Control de la **efectividad de las medidas.**

Cuando se detecten situaciones de riesgo en la evaluación, debe procederse a una **planificación adecuada de la prevención**, al objeto de evitar o controlar y reducir los riesgos. Como se ha dicho, son necesarias medidas que antepongan la protección colectiva a la individual.

5.1 Protección colectiva

Los sistemas de protección colectiva protegen al personal laboral frente a los riesgos que no se pueden evitar o reducir.

La protección colectiva tiene la propiedad de proteger simultáneamente **a más de una persona.**

Entre otros elementos de protección colectiva cabe resaltar los siguientes:

- **Barandillas:** deben ser de materiales rígidos y resistentes, con una altura mínima 90 cm.
- **Resguardos:** son componentes de máquinas utilizados como barreras para asegurar la protección (tapas, cubiertas, pantallas, vallas, carcasas, barreras, etc.).
- **Interruptor diferencial:** dispositivo de seguridad que desconecta automáticamente la instalación cuando hay una derivación de una intensidad superior a la predeterminada.
- **Ventilación general:** medida de protección colectiva aplicada sobre el medio de propagación de los contaminantes químicos, siempre que se trate de contaminantes de baja toxicidad y en pequeñas concentraciones. Generalmente se utiliza para eliminar el aire viciado en locales como oficinas, talleres, etc.

- **Ventilación localizada o extracción localizada:** persigue la captación de contaminantes en el punto de generación, evitando su difusión.

- Encerramientos para máquinas ruidosas.

5.2 Protección individual

Solo cuando los riesgos no puedan ser eliminados o controlados suficientemente por protecciones colectivas o con métodos o procedimientos de trabajo adecuados, debe recurrirse a equipos de protección individual (EPI).

> Un **equipo de protección individual** es cualquier equipo destinado a ser llevado o sujetado por el trabajador para que lo proteja de uno o varios riesgos que puedan amenazar su seguridad o su salud en el trabajo, así como cualquier complemento o accesorio destinado a tal fin.

La protección personal no elimina los riesgos, solo pretende evitar o minimizar las consecuencias. Se pueden distinguir dos tipos de EPI:

- **Los medios parciales de protección**
  Protegen a las personas frente a los riesgos que inciden preferentemente sobre puntos o zonas concretas del cuerpo humano. Por ejemplo, los cascos, las botas, los tapones, los auriculares, las gafas o las mascarillas protegen, respectivamente, el cráneo, las extremidades, el aparato auditivo, visual o respiratorio.

- **Los medios integrales de protección**
  Protegen frente a riesgos más indeterminados que los anteriores. Por ejemplo, el cinturón de seguridad, la ropa de trabajo y de protección o las prendas de señalización.

A la hora de utilizar los EPI se han de tener en cuenta los siguientes criterios:

- Elegir un EPI eficaz frente a los riesgos y que no introduzca otros nuevos.
- Proporcionar formación correcta a la persona que lo ha de utilizar.
- Adoptar precauciones en su uso y mantenimiento (limpieza regular, guardarlos en lugar adecuado, limpio y seco, etc.), y seguir las instrucciones del fabricante.
- Disponer de recambios y examinar regularmente los EPI para retirar los deteriorados, caducados u obsoletos.

El cumplimiento de los requisitos por un EPI se indica con el marcado CE. Emplear una protección no certificada o caducada equivale legalmente a no usar ninguna.

6 Situaciones de emergencia: actuaciones y evacuación

En ocasiones pueden presentarse circunstancias inesperadas y súbitas que dan lugar a situaciones de peligro para el personal de una empresa y, a veces, para la población ajena a ella, sin perjuicio de los posibles daños para las instalaciones y el medio ambiente. Es lo que se conoce como **situaciones de emergencia.**

La LPRL obliga a la empresa a **analizar** las posibles situaciones de emergencia y a **adoptar las medidas** necesarias para evitar sus consecuencias (primeros auxilios, lucha contra incendios, evacuación del personal, etc.).

Para evitar o minimizar los efectos de una situación de emergencia, hay que prever y organizar adecuadamente cómo actuar ante las emergencias. Esa labor será más o menos compleja según el tamaño y la actividad de la empresa.

Algunas están legalmente obligadas a disponer de **autoprotección** (por ejemplo, las del sector químico). En concreto deben:

- Identificar y evaluar los riesgos de accidentes graves.
- Elaborar un plan de emergencia interior (PEI).
- Informar, formar y equipar adecuadamente a los trabajadores a fin de garantizar su seguridad.

Es deseable que las empresas pequeñas o que no están obligadas legalmente a ello también tomen medidas de este tipo. Para garantizar la seguridad de las personas se debe prever una actuación ante las emergencias, acompañada de un mínimo de información y formación. Y siempre debe tomarse en cuenta la posible colaboración de recursos exteriores: protección civil, bomberos, policía, etc.

6.1 Accidentes e incidentes graves

Los accidentes o incidentes graves suelen propiciar situaciones de emergencia. Existen diversos **tipos de accidentes graves**, entre ellos:

- **Fuegos sin riesgo de explosión:** generalmente, constituyen una combustión de sustancias que no son explosivas ni están en condiciones de hacerlo, como el papel o la madera.
- **Fogonazo de gas inflamable** *(flash fire):* es una combustión tan rápida que no se pueden evitar sus consecuencias huyendo del lugar.

- **Charco de líquido infla-
mado *(pool fire)*/dardo de
fuego *(jet fire):* se presen-
tan cuando se ha producido
un derrame o una fuga de
chorro líquido, seguido de ignición. Pueden evitarse sus
efectos alejándose del lugar.

- **Explosiones:** surgen por la ignición o calentamiento de sustancias explosivas, con una velocidad de combustión muy alta.
- **Nubes de gases tóxicos:** son consecuencia de emisiones acci-
dentales de gases tóxicos.
- **Derrames nocivos:** se producen por desbordamiento o rotura de
recipientes o conducciones de sustancias peligrosas.

También pueden producirse **incidentes** que dan origen a actuaciones de emergencia, como amenazas de bomba o algunos fenómenos
naturales (inundaciones, rayos, etc.).

6.2 Clasificación de las situaciones de emergencia

De menor a mayor gravedad, pueden plantearse las siguientes situaciones de emergencia:

- **Conato de emergencia:** situación que puede neutralizar el personal presente con los medios contra incendios y emergencias
disponibles en el lugar.
- **Emergencia parcial:** aquella que no puede ser neutralizada
como un conato y obliga al personal presente a solicitar la
intervención de un grupo especializado, más preparado y con
mayores medios.

- **Emergencia general:** situación que supera los medios humanos y materiales disponibles en el centro y obliga a alterar toda la organización habitual de la empresa, a activar las medidas de emergencia y a solicitar ayuda al exterior.
- **Evacuación:** situación de emergencia, por si sola o como parte de las anteriores, que obliga al desalojo total o parcial, ordenado y controlado, del centro de trabajo.

6.3 Planificación y organización en casos de emergencias

La empresa debe contar con un plan de actuación, una organización y unos medios de lucha para cada situación de emergencia.

El principal objetivo de los **planes de actuación** de emergencias es salvaguardar a los trabajadores y a la población afectada. Si es necesario, se debe recurrir a la **evacuación,** plan de actuación que obliga al personal a trasladarse de manera controlada y ordenada a lugares seguros, interiores o exteriores, según sea evacuación parcial o total.

Según el alcance de los planes de actuación, se pueden distinguir dos tipos de planes de emergencias:

- **El plan de emergencia interior (PEI)**
  Aglutina los medios y procedimientos de actuación previstos en una empresa o en empresas contiguas, a fin de prevenir los accidentes de cualquier tipo y de mitigar sus efectos en el interior de las instalaciones.

- **El plan de emergencia exterior (PEE)**
  Aglutina planes de emergencias interiores de empresas cercanas, el plan de actuación municipal, el plan básico de emergencia municipal y el plan de los grupos de actuación, y se diseña a partir de la información facilitada por las empresas.

Los equipos de actuación pueden ser de diversos tipos:

- **Equipos de primera intervención (EPI)**
  Están formados, como mínimo, por dos trabajadores, con conocimientos básicos contra incendios y emergencias, que actúan directamente contra las causas.

- **Equipos de segunda intervención (ESI)**
  Incluyen a equipos con suficiente formación y entrenamiento para luchar contra cualquier tipo de emergencia (son los bomberos de la empresa) y a personas preparadas para realizar los primeros auxilios.

Figura 2.11. Las empresas deben contar con un plan de actuación en casos de emergencia para proteger al personal y tener la situación bajo control.

MANUAL DE PREVENCIÓN DE RIESGOS LABORALES

- **Equipos de alarma y evacuación (EAE)**

  Son grupos reducidos de trabajadores (2 o 3), encargados de dirigir ordenadamente a la gente hacia las salidas de emergencia, verificar que no se quede nadie y auxiliar a los heridos colaborando con los EPA.

- **Equipos de primeros auxilios (EPA)**

  Sus miembros convenientemente formados y preparados prestarán los primeros auxilios necesarios para evitar un empeoramiento de las condiciones de los lesionados durante una emergencia.

> La organización de emergencias puede contar con un **centro de control de emergencias (CCE)** que coordine los planes y los equipos de actuación.

6.4 Actuaciones en un plan de emergencia interior (PEI)

Ante un **conato de emergencia**, a los EPI corresponde:

- Usar los medios disponibles contra incendios y emergencias.
- No arriesgarse inútilmente, ni provocar un riesgo mayor.
- Iniciar la alarma, comunicando con el CCE.
- Pedir ayuda e informar sobre la incidencia al CCE.

Ante una **emergencia parcial:**

- Cualquier persona que considere que la situación es más que un conato, debe comunicar el incidente al CCE (a través de timbre de alarma, teléfono interno u otros medios) y estar alerta

sobre cualquier instrucción que se transmita por megafonía, sirenas, etc.
- Los ESI, alertados por CCE, deberán actuar como grupo de acción en las emergencias.
- Los EPA y los EAE permanecerán alerta ante una posible intervención.

En caso de **emergencia general**, se altera la organización habitual de la empresa:

- La declaración será realizada por las personas autorizadas.
- El CCE deberá comunicarlo a todos los trabajadores (megafonía, sirenas, timbres u otro medio).
- Cada trabajador deberá integrarse en el grupo que le corresponda, según se haya organizado para el caso.
- Los ESI, los EPA y los EAE colaborarán con los recursos exteriores, como los bomberos o protección civil.
- Todo el personal será informado de la evolución de la emergencia a través del CCE, y por los medios establecidos.

En caso de **evacuación,** se plantea el desalojo total o parcial, ordenado y controlado, del centro de trabajo:

- La comunicación para iniciar la evacuación corresponde al CCE.
- En caso de evacuación parcial, el personal deberá dirigirse en grupo y sin correr, por las vías de evacuación establecidas, hacia los puntos de reunión, donde se identificarán para proceder al recuento de los evacuados.

- En caso de evacuación total, se actúa de manera similar a la anterior, alargando el itinerario de evacuación a un punto en el exterior del recinto.
- El peso de la actuación correspondería a los EAE.

> Ante **cualquier situación de emergencia** se recomienda:
>
> - No utilizar los medios de comunicación interna y externa para otros objetivos que no sean los propios de la emergencia.
> - No utilizar los ascensores o montacargas, salvo aquellos de uso específico para bomberos.
> - No abandonar el puesto de trabajo en ninguna situación sin cumplir los procedimientos de emergencia asignados.

6.5 Información de apoyo para la actuación de emergencia

El **Manual de Emergencia** es el texto básico de información para situaciones de este tipo. Además existen otros materiales como:

- **Ficha individual de actuación**, que indica las acciones a llevar a cabo en cada puesto de trabajo en caso de emergencia.
- Carteles divulgativos.
- Tarjetas de control de presencia.

6.6 Simulacros

Conviene ensayar las actuaciones en situaciones de emergencia al menos un par de veces al año. Es lo que se conoce como **simulacros de emergencia**, que tienen por objeto habituar a las actuaciones en emergencias y mejorarlas a partir del análisis de los fallos detectados.

7.1 La vigilancia de la salud de los trabajadores

El control de la salud del personal laboral está regulado en España por la Ley de Prevención de Riesgos Laborales (LPRL).

> Suele definirse la **vigilancia de la salud** como la utilización sistemática y periódica de una serie de técnicas y otros datos (encuestas, exploraciones, etc.) con el objetivo de conocer o detectar cambios en el estado de salud de un individuo o un colectivo.

La LPRL establece el régimen de la vigilancia de la salud de las personas que prestan sus servicios a una empresa. Sus principales características son:

- **Garantizada**
  La vigilancia periódica de la salud debe estar garantizada por la empresa.

- **Específica**
  La vigilancia se llevará a cabo en función de los riesgos laborales específicos y se evitarán los reconocimientos médicos indiscriminados e inespecíficos.

- **Voluntaria**
  Deberá contarse con el consentimiento del trabajador, salvo en determinadas circunstancias:

  - Cuando los reconocimientos sean indispensables para evaluar los efectos de las condiciones de trabajo sobre la salud.

- Cuando el estado de salud de la persona pueda constituir un peligro para él mismo o para terceros.
- Cuando exista una disposición legal en relación con la protección de riesgos específicos y actividades de especial peligrosidad que obligue a realizar reconocimientos (por ejemplo, en los casos del benceno, amianto, plomo metálico y compuestos iónicos, cloruro de vinilo monómero, ruido y radiaciones ionizantes).

- **Confidencial**

  La información médica obtenida estará a disposición del trabajador, de los servicios médicos responsables y de la autoridad sanitaria. Ninguna empresa podrá tener conocimiento del contenido de las pruebas médicas o de su resultado sin consentimiento expreso del personal afectado. Eso no impide que se faciliten a la empresa las conclusiones de la vigilancia de salud en términos de aptitud para el desempeño de las tareas del trabajo, o la necesidad de introducir o mejorar las medidas de prevención o de protección.

- **Prolongada**

  La LPRL prolonga la vigilancia de la salud más allá de la finalización de la relación laboral en aquellos casos en que los efectos sobre la salud así lo aconsejen. Es el caso, por ejemplo, de los trabajadores expuestos a determinados agentes químicos cancerígenos.

- **Documentada**

  Se deberá elaborar y conservar la documentación sobre los resultados y las conclusiones de los controles de salud.

7.2 Las técnicas de vigilancia de la salud

Se aplican diversas técnicas de vigilancia de la salud:

- **El control biológico**

  Se utiliza para evaluar la exposición o los efectos de los contaminantes químicos sobre un colectivo laboral. Esta técnica vendrá condicionada por la existencia de un indicador valorable, susceptible de ser cotejado con valores límite de referencia generalmente aceptados. Los protocolos de control biológico deberán integrar la interpretación de los resultados, los niveles y las actuaciones derivadas de los mismos.

- **La detección precoz de alteraciones de la salud**

  Para ello se emplean pruebas específicas. La elección de la prueba dependerá del tipo de daño (por ejemplo, alteraciones hepáticas, renales, respiratorias, etc.). Algunas de estas pruebas pasan por la determinación de parámetros en sangre, orina, etc. Otras son estudios funcionales como las audiometrías o la espirometría forzada.

7.3 Objetivos de la vigilancia de la salud

La finalidad de la vigilancia de la salud puede tener dos tipos de objetivos:

- **Individuales**
  - Detectar precozmente las alteraciones de la salud.
  - Identificar a las personas especialmente sensibles a determinados riesgos.

- **Colectivos**
  - Valorar el estado de salud de los trabajadores.
  - Alertar sobre posibles situaciones de riesgo.
  - Evaluar la eficacia del plan de prevención.

La valoración del estado de salud permitirá conocer quién presenta alteraciones, en qué lugar de la empresa y cuándo aparecen o aparecieron.

Los programas de vigilancia de la salud se han de integrar en el programa de prevención de riesgos laborales como un instrumento más. Su aportación va desde la identificación de problemas hasta la evaluación de la eficacia del programa global.

Los resultados de la vigilancia de la salud servirán para **evaluar la eficacia** del plan de prevención, a la vista de la evolución del estado de salud del colectivo, y para motivar la **revisión** de las actuaciones preventivas.

1. Los factores de riesgo se clasifican en:

a) Cinco grandes grupos.

b) Cuatro grandes grupos.

c) Tres grandes grupos.

2. Una medida de prevención para que el lugar de trabajo sea más seguro es:

a) Decorarlo sin objetos con cantos vivos.

b) Señalizar adecuadamente esquinas y obstáculos fijos.

c) Señalizar cada cosa.

3. Una de las principales causas de las lesiones provocadas por el empleo de herramientas es:

a) Que sean de procedencia china.

b) Que no tengan el marcado CE claramente visible.

c) La inadecuada utilización.

4. Entre las lesiones asociadas al riesgo eléctrico están:

a) Quemaduras, afectación de órganos, muerte.

b) Quemaduras, heridas abiertas, hemorragias.

c) Hemorragias, choque anafiláctico, cáncer.

5. La principal vía de absorción de productos químicos es:

a) La auditiva.

b) La respiratoria.

c) La dérmica.

6. Para controlar el riesgo en el foco se recomienda:

a) Barrer diariamente el lugar de trabajo.

b) Llevar a cabo una extracción localizada.

c) Emplear los EPI adecuados.

7. La carga de trabajo se define como:

a) El conjunto de requerimientos psicofísicos a los que se
ve sometido el trabajador a lo largo de su jornada laboral.

b) El peso de las cargas que el trabajador mueve a lo
largo de la jornada.

c) El peso medio de los productos y materiales manipulados.

8. ¿Cuál de las siguientes afirmaciones es verdadera?

a) Las protecciones deben usarse cuando lo diga el
superior inmediato.

b) Las protecciones colectivas deben prevalecer sobre las
individuales.

c) Las protecciones individuales deben prevalecer sobre
las colectivas.

9. ¿Qué es un equipo de primera intervención?

a) El que primero sale en caso de emergencia y cuenta a los demás.

b) Un grupo de trabajadores escogidos por el comité de seguridad.

c) Equipo de dos trabajadores como mínimo con
conocimientos básicos de la lucha contra incendios.

10. El principal objetivo de la vigilancia de la salud es:

a) Detectar precozmente las alteraciones de salud.

b) Realizar las revisiones médicas de los trabajadores.

c) Vigilar que el personal laboral trabaje con seguridad.

3 Gestión de la prevención de riesgos: elementos básicos

Existen múltiples organismos e instituciones relacionados con la seguridad y salud laboral, tanto a escala internacional, como nacional y autonómica.

En el **ámbito internacional** tienen especial relevancia para la seguridad y la salud laboral los convenios elaborados por la **Organización Internacional del Trabajo (OIT)** y los tratados y directivas europeas.

1.1 *Organización Internacional del Trabajo (OIT)*

Es una de las organizaciones internacionales más importantes, por su antigüedad, sus actividades y el número de países integrados. Entre sus funciones destacan la asistencia técnica, la recopilación y difusión de información y la elaboración y aprobación de **convenios** y **recomendaciones** internacionales:

- Los convenios de la OIT, una vez ratificados por un Estado, crean obligaciones de carácter internacional. Uno de los textos más importantes es el Convenio 155 sobre Seguridad y Salud de los Trabajadores y Medio Ambiente de Trabajo (1981).
- Las recomendaciones no generan ningún tipo de obligación, pero establecen pautas o directrices para el posterior desarrollo de

la legislación laboral en los estados. Destaca la Recomendación 164 sobre Seguridad y Salud de los Trabajadores (1981).

1.2 Organismos de la Unión Europea

El **Acta Única Europea** (1987) se propone conseguir un espacio social europeo, donde la seguridad y la salud de los trabajadores ocupen un lugar prioritario, en base a las disposiciones sobre política social y mercado Interior.

Hay que destacar dos artículos del Acta Única en relación con la seguridad y la salud en el trabajo:

- Artículo 100 A. Los productos en libre circulación deberán respetar determinadas normas encaminadas a garantizar su seguridad.
- Artículo 118 A. Los estados deberán promover la mejora del medio de trabajo, al objeto de proteger la seguridad y salud de los trabajadores).

La piedra angular de la nueva política comunitaria en relación con esta cuestión es la **Directiva Marco de Seguridad y Salud en el Trabajo** (1989).

Los principales organismos de la Unión Europea en materia de seguridad y salud en el trabajo son:

- El Comité consultivo para la seguridad, la higiene y la protección de la salud en el centro de trabajo, creado en 1974, con la misión de asistir a la Comisión.
- La Agencia Europea para la Seguridad y Salud en el Trabajo, radicada en Bilbao y creada para recoger toda la información sobre la investigación relativa a la seguridad y salud en el trabajo,

validarla y difundirla. Cuenta con la colaboración de todos los estados miembros.

- La Fundación Europea para la Mejora de las Condiciones de Vida y de Trabajo, con sede en Dublín, centrada en la recogida, el análisis, el debate y la difusión de información para la mejora de las condiciones sociales y relacionadas con el trabajo.

Por lo demás, las instituciones básicas de la Unión Europea son:

- **El Consejo**
  Compuesto por un representante de cada uno de los estados miembros, normalmente los ministros de los asuntos objeto de discusión (Economía, Trabajo, etc.), ejerce el poder legislativo o normativo, aprobando, modificando o rechazando las propuestas presentadas por la Comisión.

- **La Comisión**
  Está compuesta por 28 comisarios, uno por cada país, responsables de áreas específicas. Tiene por misión velar por los intereses de la Unión Europea y asegurar la aplicación, el desarrollo y el cumplimiento del derecho comunitario. Elabora y presenta las propuestas normativas.

- **El Parlamento Europeo**
  Está formado por 751 diputados elegidos por sufragio universal directo, que se agrupan en grupos políticos en función de las diferentes líneas ideológicas. Participa en el proceso legislativo mediante la elaboración de dictámenes consultivos propuestos por la Comisión. Su influencia ha aumentado en la medida que, a través de enmiendas, puede mejorar la legislación. Tras el Tratado de Lisboa de 2007, al Parlamen-

to europeo le corresponde, conjuntamente con el Consejo, la aprobación de reglamentos, directivas u otras decisiones de naturaleza jurídica.

* **El Tribunal de Justicia**
  Su función es garantizar el respeto a la legislación comunitaria, a través de sentencias que aseguran una interpretación uniforme del derecho comunitario.

Otras instituciones comunitarias a reseñar son:

* El **Consejo Europeo**, formado por los jefes de Estado o de Gobierno y el presidente de la Comisión. Sus funciones son muy amplias, pues establece las orientaciones generales de la Unión e impulsa la integración europea.
* El **Comité Económico y Social**, órgano de carácter consultivo en determinadas materias.

1.3 Organismos nacionales

* **El Instituto Nacional de Seguridad e Higiene en el Trabajo (INSHT)**
  Vinculado al Ministerio de Trabajo y Asuntos Sociales, es el órgano científico técnico especializado de la Administración General del Estado y su misión es el análisis y estudio de las **condiciones de seguridad y salud en el trabajo**, así como la promoción y el apoyo a la mejora de las mismas. Según establece la LPRL, le corresponden, entre otras, las funciones de:

  - Asesoramiento técnico.
  - Promoción y desarrollo de actividades de formación.

- Información, investigación, estudio y divulgación.
- Desarrollo de programas de cooperación internacional.

Presta también apoyo técnico especializado en materia de certificación, ensayo y acreditación. Entre sus órganos destacan los centros nacionales de Seguridad e Higiene en el Trabajo, ubicados en Barcelona, Sevilla, Baracaldo y Madrid. Cuenta con la colaboración de los órganos técnicos de las comunidades autónomas.

- **La Inspección de Trabajo y Seguridad Social (ITSS)**
  Tiene encomendado vigilar el cumplimiento de la normativa sobre prevención, así como de las normas jurídico-técnicas que

Figura 3.1. Los organismos nacionales como la INSHT se encargan de analizar las condiciones de seguridad y salud en el trabajo.

 Manual de prevención de riesgos laborales

incidan en las condiciones de trabajo, aunque no estuviesen calificadas directamente como normativa laboral, y propone en su caso la sanción correspondiente. Al margen de su actividad inspectora, corresponde a la ITSS:

- Asesorar e informar a empresas y trabajadores sobre la manera efectiva de cumplir con las obligaciones legales.
- Elaborar informes, a petición de la jurisdicción de lo social.
- Informar a las autoridades laborales.
- Comprobar y favorecer el cumplimiento de las funciones asumidas por los servicios de prevención.
- Ordenar la paralización de los trabajos en los que se advierta la existencia de riesgo grave e inminente.

- **Administraciones públicas competentes en materia sanitaria**
Les corresponde, según la LPRL:

- Establecer medios adecuados para la evaluación y el control de las actuaciones sanitarias realizadas en las empresas por los servicios de prevención.
- Implantar sistemas de información adecuados: mapas de riesgos laborales, estudios epidemiológicos, etc.
- Supervisar la formación impartida en el ámbito sanitario.
- Elaborar y divulgar estudios, investigaciones y estadísticas relativas a la salud laboral.

- **Otras administraciones con competencias en materia de seguridad y salud laboral**
Entre otras, destaca el Ministerio de Industria y Energía, en relación a la seguridad industrial.

La Comisión Nacional de Seguridad y Salud en el Trabajo es un órgano asesor de las administraciones en la elaboración de las políticas preventivas, y de participación institucional en la materia. Está integrada por representantes de las comunidades autónomas, por miembros de la Administración General del Estado, y por representantes de las organizaciones sindicales y empresariales. Conocerá y podrá informar y formular propuestas sobre criterios y programas generales en materia de prevención, sobre proyectos legislativos de carácter general, y sobre coordinación de actuaciones administrativas en materia laboral, sanitaria y de industria.

1.4 Organismos de carácter autonómico

El Estado tiene la competencia exclusiva en materia de legislación laboral, pero su **ejecución** corresponde a las comunidades autónomas.

Las comunidades que tienen transferidas las competencias en materia de ejecución legislativa disponen también de **potestad sancionadora**, efectuada según su propia regulación a propuesta de la Inspección de Trabajo.

Los organismos autonómicos competentes en materia de prevención de riesgos laborales desarrollan funciones de investigación de accidentes, de formación y de asesoramiento técnico.

2 Organización del trabajo preventivo

La gestión de la prevención tiene que integrarse entre las actividades habituales de la empresa. Al igual que ocurre en otras áreas de su actividad (producción, compras, ventas, etc.), debe existir un sistema de gestión de la prevención de riesgos laborales que le facilite cumplir las

   MANUAL DE PREVENCIÓN DE RIESGOS LABORALES

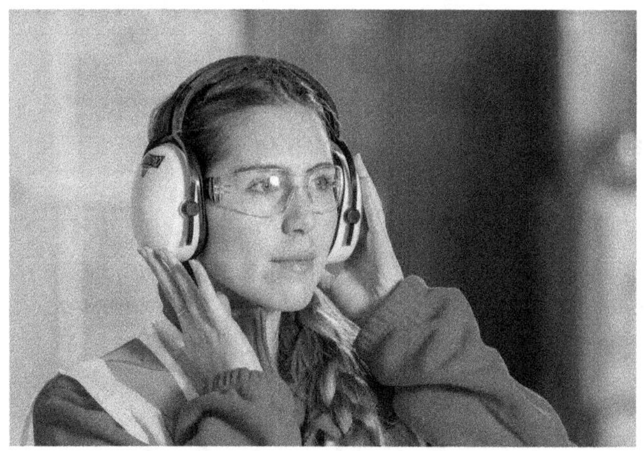

Figura 3.2. Las empresas han de establecer un sistema de prevención de riesgos y asignar recursos humanos y materiales para garantizar la seguridad de los trabajadores.

obligaciones legales, evitar el coste asociado a la falta de prevención y proteger la integridad física y la salud de los trabajadores.

El conjunto de acciones preventivas se articula a través de dos grandes ejes: la implantación de un **sistema de gestión de la prevención**, y la asignación de **recursos humanos y materiales** para la acción preventiva en cualquiera de sus modalidades (asunción por el equipo de dirección de la empresa, designación de trabajadores, servicios de prevención propios o externos, etc.).

La LPRL plantea una **actuación activa** de la prevención, antes de que se produzcan daños a la salud laboral, que supere una forma de **actuación reactiva**, cuando ya se han producido. Se pone el énfasis en la evaluación de los riesgos, la planificación de la prevención como medio para eliminar o reducir los riesgos, y el control periódico de las condiciones de trabajo y la salud laboral.

2.1 La gestión de la prevención de riesgos laborales

El modelo de la LPRL obliga a ir por delante de los problemas, adoptando una **actitud proactiva**, de anticipación. Para ello se debe:

- Planificar la prevención desde el momento del diseño empresarial.
- Evaluar los riesgos, actualizando periódicamente esa evaluación en función de las circunstancias cambiantes.
- Adoptar acciones preventivas para eliminar o controlar los riesgos detectados.
- Controlar la eficacia de las medidas preventivas adoptadas.
- Integrar la acción preventiva en la gestión de la empresa.
- Informar a los trabajadores de los riesgos inherentes a su trabajo.
- Formar a los trabajadores en prevención de riesgos.
- Establecer una adecuada vigilancia de la salud laboral.
- Desarrollar actuaciones ante emergencias.

Figura 3.3. Hay que anticiparse a los accidentes laborales tomando las acciones preventivas adecuadas y adoptando una actitud proactiva.

   MANUAL DE PREVENCIÓN DE RIESGOS LABORALES

Para poner en práctica estas medidas es necesario el **compromiso de la dirección**, que debe asumir sus responsabilidades y obligaciones, establecer y mantener al día un sistema de gestión, y asignar los recursos humanos y materiales precisos.

2.2 El sistema de gestión de la prevención de riesgos laborales

Constituye un conjunto de **acciones sistemáticas**, en el seno de la gestión de la empresa, que posibilita el cumplimiento estructurado y organizado de las obligaciones legales.

Se define como la parte del sistema general de gestión de la organización empresarial que establece **la política de prevención**, la cual incluye la estructura organizativa, las responsabilidades, las prácticas, los procedimientos, los procesos y los recursos necesarios.

Sus principales aspectos están descritos en la norma sobre «Prevención de riesgos laborales. Reglas generales para la implantación de un sistema de gestión de la prevención de riesgos laborales» (UNE 81900:1996 EX).

- **Evaluación de riesgos**

  Es un proceso clave de la actuación preventiva dirigido a **estimar la magnitud de los riesgos** que no se hayan podido evitar. La información obtenida servirá de base para la adopción de medidas preventivas y su tipología.

  La empresa, previa consulta a los trabajadores, deberá adoptar un procedimiento para la evaluación.

  La evaluación debe documentarse para los **puestos de trabajo** en que se mani-

fieste la necesidad de adoptar medidas preventivas. Esa **documentación** debe contener, como mínimo:

- La identificación del puesto de trabajo.
- El riesgo o los riesgos existentes.
- Los trabajadores afectados.
- El resultado de la evaluación y las medidas preventivas adoptadas.
- Los criterios y procedimientos de evaluación y los métodos de medición, análisis o ensayo utilizados.

- **Planificación de la actividad preventiva**
  Es un proceso a través del cual se debe definir **qué** hacer, **quién** es el responsable, **cuándo** hay que hacerlo, cuál es el **objetivo**, y qué **recursos** se destinan. Si es preciso adoptar medidas preventivas, también es necesario planificarlas. Entre otras, hay que planificar:

  - La información y formación a los trabajadores.
  - Las medidas de emergencia.
  - La vigilancia de la salud.

  Se concretará para un período determinado y se establecerán fases y prioridades. Cuando el período sea superior a un año, se debe elaborar un programa anual de actividades.

- **Responsabilidades**
  La legislación obliga a integrar la prevención en todas las actividades y decisiones de la empresa, tanto en los procesos técnicos como en la organización del trabajo. Todos **los niveles jerárquicos de la empresa** están obligados a la integración de la prevención en todas las actividades ordenadas, realizadas o decididas.

La dirección debe definir y documentar las responsabilidades de todo el personal en la acción preventiva.

- **Formación**

Para ofrecer una formación adecuada hay que identificar las necesidades de prevención y establecer el plan de formación en materia preventiva, así como adecuar los contenidos teóricos y prácticos a los puestos de trabajo o funciones de los trabajadores.

- **Documentación**

Se estructura normalmente en cuatro niveles:

- Manual de prevención de riesgos laborales.
- Procedimientos.
- Instrucciones operativas.
- Registros.

Además, la LPRL obliga a elaborar y conservar a disposición de la autoridad una documentación concreta con los siguientes aspectos:

- Evaluación de riesgos.
- Planificación de la actividad preventiva.
- Medidas de protección y prevención.
- Resultados de los controles periódicos de las condiciones de trabajo.
- Resultados de la vigilancia de la salud de los trabajadores.
- Relación de accidentes de trabajo y enfermedades profesionales con baja superior a un día.

- **Auditorías**

  Es una herramienta de gestión que permite llevar a cabo una evaluación sistemática, documentada, periódica y objetiva de la eficacia, efectividad y fiabilidad del sistema, así como conocer si el sistema es adecuado para alcanzar la política y los objetivos. Existen dos tipos de auditorías:

  - **Internas:** realizadas por un auditor perteneciente a la empresa, con el fin de evaluar internamente el sistema.
  - **Externas:** efectuadas por un auditor externo, para evaluar externamente el sistema.

  Cuando la empresa no haya concertado la actividad preventiva con un servicio de prevención ajeno (SPA), el reglamento de los servicios de prevención la obliga a realizar una auditoría externa del sistema cada año o cuando se le requiera. Los auditores deben contar con la autorización de la autoridad laboral.

2.3 Modalidades para el desarrollo de actividades preventivas

La empresa debe asignar los recursos humanos y materiales necesarios, con arreglo a alguna de las modalidades siguientes:

- **Asunción personal de la actividad preventiva por la empresa**
  Se puede hacer cuando:

  - La empresa tenga menos de veinticinco trabajadores.
  - Las actividades de la empresa lo permitan (no esté excluida legalmente la posibilidad).
  - La dirección de la empresa desarrolle habitualmente su actividad en la misma y tenga la capacidad correspondiente para ello.

La vigilancia de la salud deberá cubrirse por alguna de las otras modalidades.

- **Designación de trabajadores**

  La empresa designará a uno o varios trabajadores, que deben contar con la debida capacidad y cuyo número y tiempo de dedicación será el necesario.

- **Servicio de prevención propio**

  Es el conjunto de medios humanos y materiales de la empresa necesarios para realizar las actividades de prevención. Será obligatorio constituirlo:

  - En empresas de más de 500 trabajadores.
  - Excepcionalmente, por obligación legal, en empresas de entre 250 y 500 trabajadores en determinadas circunstancias.
  - Cuando así lo decida la autoridad laboral.

  Debe ser una unidad organizativa específica, y sus integrantes se dedicarán de forma exclusiva a la actividad preventiva y contarán con las instalaciones y medios necesarios.

> Cabe la posibilidad de crear **servicios mancomunados** entre empresas que desarrollen simultáneamente sus actividades en un mismo centro de trabajo, edificio o centro comercial.

- **Servicio de prevención ajeno**

  Es el prestado por una entidad especializada que concierte con la empresa la realización de actividades de prevención, el ase-

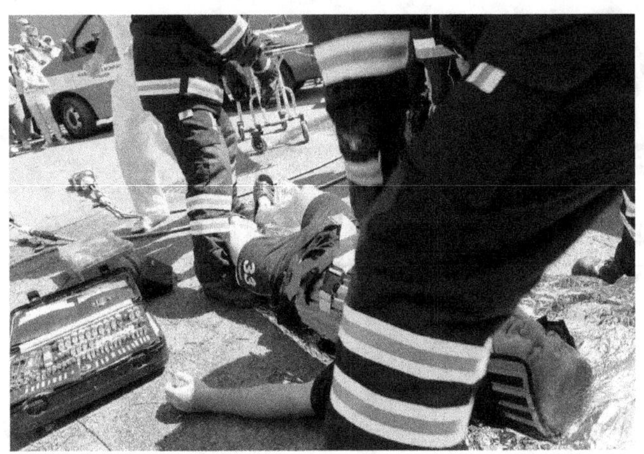

Figura 3.4. Si es necesario, la empresa debe solicitar servicios de prevención externos a entidades especializadas.

soramiento y apoyo en función de los riesgos, o ambas actuaciones conjuntamente. Tendrá que contar con la acreditación de la autoridad laboral. Deberá acudirse a esta fórmula cuando la designación de trabajadores sea insuficiente, no se haya constituido un servicio propio o se haya asumido parcialmente la actividad.

MANUAL DE PREVENCIÓN DE RIESGOS LABORALES

1. Una de las organizaciones internacionales más relevantes en materia de prevención de riesgos laborales es:

a) La ONU.

b) La OIT.

c) La Unesco.

2. El órgano científico-técnico especializado de la Administración General del Estado en materia de prevención de riesgos laborales es:

a) La cámara de comercio.

b) El Congreso de los Diputados.

c) El Instituto Nacional de Seguridad e Higiene en el Trabajo (INSHT)

3. La actitud proactiva supone anticiparse a los riegos, lo que implica llevar a cabo:

a) La evaluación de riesgos y la planificación de la prevención.

b) La auditoria de calidad en el trabajo.

c) La notificación de accidentes.

4. ¿La dirección de la empresa puede asumir personalmente la actividad preventiva en una empresa de 15 trabajadores?

a) No.

b) Sí, si no es de construcción.

c) Sí.

5. Planificación de la actividad preventiva es:

a) Nombrar un responsable.

b) Un proceso a través del cual se define qué hay que hacer, quién es el responsable, cuándo hay que hacerlo, cuál es el objetivo y qué recursos se destinan.

c) Crear el comité de seguridad y salud.

4 Primeros auxilios

Los primeros auxilios son el **conjunto de técnicas y actuaciones que permiten** atender **inmediatamente a un accidentado**, en tanto se produce la llegada de la asistencia médica profesional, a fin de evitar el empeoramiento de las lesiones sufridas.

1 Consejos generales

Existe un **decálogo de actitudes y posibles actuaciones** ante los accidentes, que permitirán evitar errores habituales en la atención de accidentados y el agravamiento de las lesiones.

- **Conservar la calma**
  No perder los nervios permitirá actuar correctamente y prevenir errores irremediables.

- **Evitar las aglomeraciones**
  Impedir la concentración de personas y situaciones descontroladas facilita la actuación del equipo de socorro.

- **Saber imponerse**
  Hacerse cargo de la situación, dirigiendo la organización de recursos y la evacuación del herido.

- **No mover**
  No mover a nadie hasta estar seguros de que con ello no se empeorarán las lesiones sufridas. Sin embargo, la movilización debe

ser inmediata cuando las condiciones lo exijan o cuando se deba realizar la reanimación cardiopulmonar.

- **Examinar al herido**
  Efectuar una primera evaluación para determinar las situaciones con elevado riesgo de perder la vida de manera inmediata. Posteriormente, se realizará una evaluación secundaria, para controlar aquellas lesiones que puedan esperar la llegada de los servicios especializados.

- **Tranquilizar al herido**
  Ofrecer confianza al herido mejora su estado anímico y le ayuda a superar la angustia de esos momentos.

- **Mantener al herido caliente**
  A menudo, los mecanismos de autodefensa del organismo implican la pérdida de calor corporal, hecho que se agrava cuando existe pérdida de sangre.

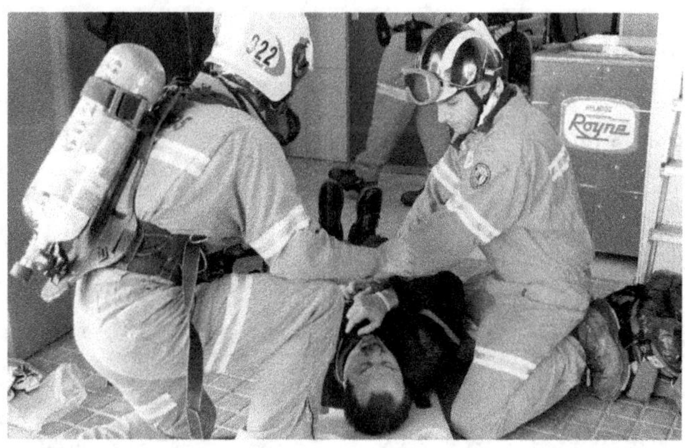

Figura 4.1. Una vestimenta adecuada es una medida preventiva que minimiza los riesgos laborales.

- **Avisar a personal sanitario**

  Pedir ayuda con rapidez, para establecer tratamiento médico lo antes posible.

- **Traslado adecuado**

  La espera y el traslado del accidentado variarán según las lesiones. Hay que erradicar la práctica de la evacuación en coche particular: si la lesión es vital debe atenderse *in situ*; y si no es vital, se debe esperar la llegada de la ambulancia.

- **No medicar**

  Es una facultad exclusiva del médico.

2 Activación del sistema de emergencia

Siempre, y en cualquier tipo de accidente, debe activarse el sistema de emergencia. Actuar con rapidez puede salvar la vida o evitar que empeoren las lesiones. Para ello, en un primer momento se deben practicar tres actuaciones para empezar a atender al accidentado:

- **Proteger**

  Asegurarse, antes de actuar, de que el accidentado y el socorrista están fuera de todo peligro (por ejemplo, en casos de electrocución).

- **Avisar**

  Se ha de avisar a los servicios sanitarios siempre que sea posible, activando así la emergencia. Después, mientras se espera la ayuda, se podrá comenzar a socorrer.

   MANUAL DE PREVENCIÓN DE RIESGOS LABORALES

- **Socorrer**

  Tras proteger al herido y avisar, se debe actuar sobre el accidentado, reconociendo sus signos vitales (conciencia, respiración y pulso, siempre en este orden).

3 La cadena de socorro

Hasta que la víctima reciba la atención médica especializada pueden intervenir una serie de personas, como los **testigos** y los **socorristas**, que deberán estar informadas, formadas y entrenadas para actuar con rapidez y eficacia frente a la emergencia.

La mayoría de los **testigos** suele ser **ordinarios**, con las consecuencias que resulta fácil imaginar. Sería muy conveniente que todos los trabajadores estuvieran al menos informados respecto de las tres actuaciones que se han de aplicar cuando se activa el sistema de emergencia: proteger, avisar y socorrer.

El/la **telefonista de la empresa** debe formar parte del grupo de testigos privilegiados. A menudo es la persona que contacta con los servicios externos. De ella depende una transmisión correcta, rápida y eficaz de la solicitud de ayuda.

No es posible concretar cuántos socorristas se requieren en una empresa, ya que esto depende de múltiples factores: número de trabajadores, estructura de la empresa, distribución del personal, tipo de trabajo, turnos, posibles ausencias por enfermedad, distancia de los servicios externos, etc.

La empresa debería disponer siempre de personal encargado de socorrer en situaciones de emergencia para actuar en cualquier momento. En trabajos de bajo riesgo, se habla, orientativamente, de un socorrista por cada 50 trabajadores. Esta cifra podría ser la mínima en el resto de las situaciones.

Los **otros eslabones** de la cadena de socorro son exteriores, externos a la empresa: personal de la ambulancia, equipo médico, personal del hospital, etc.

4 Formación en socorrismo laboral

El personal encargado de socorrer en una empresa debe cumplir unos requisitos mínimos:

- Será voluntario.
- Debe tener, además de conocimientos básicos y generales, formación específica en función de los riesgos de la empresa.
- Ha de recibir formación periódica de reciclaje.

La formación del socorrista laboral debe integrar tres áreas temáticas:

- **Formación básica o mínima**
  Que capacite para atender situaciones de emergencia médica, es decir, en las cuales se encuentre amenazada inmediatamente la vida o salud con resultado de muerte de no ser asistida la persona (pérdida de conocimiento, paros cardiorrespiratorios, obstrucción de vías respiratorias, hemorragias, shocks, etc.).

- **Formación complementaria**
  Que permita atender situaciones de urgencia médica, es decir, que no supongan una amenaza inmediata para la vida o la salud de la persona, a la espera de la llegada de ayuda médica (quemaduras leves, contusiones, fracturas, luxaciones, esguinces, etc.).

- **Formación específica**
  Determinada en función de los riesgos existentes en la empresa (rescate en ambiente tóxico, oxigenoterapia, quemaduras químicas, etc.).

1. Dos de los principios de actuación recogidos en el decálogo de primeros auxilios son:

a) No intervenir hasta que lleguen los sanitarios.

b) Sentar al accidentado.

c) Mantener la calma y avisar a personal sanitario.

2. Las tres actuaciones para empezar a atender a la persona accidentada son:

a) Avisar, calmar y esperar.

b) Proteger, avisar y socorrer.

c) Avisar, proteger y tranquilizar.

3. El equipo de socorro....

a) Deberá recibir formación de reciclaje.

b) Deberán ser personas que entiendan de medicamentos.

c) Solo actuarán bajo la supervisión de un especialista.

4. En el momento de socorrer lo más importante es:

a) Colocar a la persona accidentada en una posición cómoda.

b) Explorar las constantes vitales (conciencia, respiración y pulso).

c) Quitar la ropa a la persona y cubrirla con una manta.

5. ¿Cuando es necesario mover a una persona accidentada?

a) Cuando las condiciones lo exijan o cuando se deba realizar la reanimación cardiopulmonar.

b) Nunca.

c) Cuando el accidentado nos lo pida.

5 Riesgos específicos y su prevención

Las personas trabajan para ganar su sustento creando riqueza para el conjunto de la sociedad, pero los accidentes de trabajo malogran estos dos propósitos porque:

- Incapacitan para el trabajo de una manera temporal o definitiva.
- Dañan a bienes humanos y materiales de la sociedad.

Cada año, millones de personas sufren en todo el mundo accidentes de trabajo que les producen **lesiones** de diversa gravedad, frecuentemente leves, pero también graves y mortales. Estos accidentes provocan **dolor** físico y psíquico, **pérdida de la capacidad de trabajo**, preocupación y sufrimiento en la familia del accidentado, así como **costes económicos** para la empresa y la sociedad en general. Por todo ello, es necesario evitar los accidentes en el trabajo, una tarea que incumbe a todos y en la que todos deben participar:

- Los trabajadores, porque son los que sufren las peores consecuencias.
- Los técnicos y directivos de la empresa, porque se trata de una faceta más de su responsabilidad como mandos, porque la desatención de este asunto implica unos costes y porque constituye una obligación legal.

- Las autoridades en general y el Gobierno, por motivos éticos, políticos y económicos.

> Se entiende por **accidente de trabajo** toda lesión corporal que la persona sufre con ocasión o a consecuencia del trabajo que ejecuta por cuenta ajena.
>
> Esta **definición legal** se refiere a:
>
> - Lesiones producidas en el centro de trabajo.
> - Lesiones producidas en el trayecto habitual del domicilio al centro de trabajo y viceversa (accidentes *in itinere*).

El trabajador puede sufrir lesiones o daños de muy diverso tipo, que no siempre se consideran accidentes de trabajo. Para **diferenciar los accidentes de trabajo** de otras agresiones a la salud y al bienestar de los trabajadores como consecuencia de su trabajo, se tienen en cuenta dos factores: «dureza» de la agresión y «velocidad» a la que se produce el daño.

No son accidentes de trabajo:

- Las **agresiones que causan malestar**, insatisfacción u otros daños inespecíficos, pero no lesiones físicas o psíquicas claramente demostrables aunque se prolonguen en el tiempo. Por ejemplo, los esfuerzos por cargas físicas o mentales, o las molestias y las fatigas que superan el umbral de lo tolerable y causan daño y malestar continuo en el trabajo.
- Las agresiones repetidas a lo largo de un determinado periodo, como por ejemplo la inhalación continuada de polvo de sílice, la ingestión prolongada de plomo o la exposición repetida a niveles de ruido elevados, que puede producir **enfermedades profesionales** claramente identificadas (en este caso silicosis, saturnismo o sordera profesional).

Son accidentes de trabajo las agresiones que actúan una sola vez y producen lesiones perfectamente identificables de carácter leve, grave o mortal.

En muchas ocasiones se producen accidentes llamados blancos que no generan daños físicos y que conviene también controlar. Por ello se amplía técnicamente el **concepto de accidente laboral**, como un suceso anormal, no querido ni deseado, que se presenta de forma brusca e inesperada, formalmente evitable, interrumpe la continuidad del trabajo y puede causar lesiones a las personas.

2 Principales accidentes de trabajo

Los principales tipos de accidentes laborales que se pueden producir son:

- Caída de personas al mismo o a distinto nivel.
- Caída de objetos por desplome o derrumbamiento.
- Caída de objetos en manipulación.
- Caída de objetos desprendidos.
- Pisadas sobre objetos.
- Choques contra objetos inmóviles.
- Choques contra objetos móviles.
- Golpes o cortes por objetos o herramientas.
- Proyección de fragmentos o partículas.
- Atrapamiento por o entre objetos.
- Atrapamiento por vuelco de máquinas o vehículos.
- Sobreesfuerzos.
- Exposición a temperaturas ambientales extremas.
- Contactos térmicos.
- Contactos eléctricos (directos o indirectos).
- Exposición a sustancias nocivas tóxicas.

- Contactos con sustancias cáusticas o corrosivas.
- Exposición a radiaciones.
- Explosiones.
- Incendios.
- Accidentes causados por seres vivos.
- Atropellos o golpes con vehículos.

3 Medidas contra los accidentes laborales

3.1 Para prevenir la caída de personas a distinto nivel

- Proteger las aberturas en los pisos y paredes con barandillas y rodapiés.
- Proteger las plataformas de trabajo en su contorno con barandillas y plintos.
- Instalar pisos antideslizantes en las plataformas de trabajo, libres de obstáculos y provistas de un sistema de drenaje para la eliminación de productos resbaladizos.

3.2 Para prevenir la caída de personas al mismo nivel

- Los pavimentos han de ser llanos, homogéneos y lisos, de material consistente, no resbaladizo o susceptible de serlo con el uso, y de fácil limpieza.
- Las superficies de tránsito deben estar al mismo nivel o con pendientes adecuadas.
- Las zonas de paso han de estar limpias y libres de obstáculos.
- Limpiar a fondo las inmediaciones de las máquinas, aparatos o dispositivos.
- Los pavimentos han de estar limpios de aceite, grasas u otras

materias resbaladizas, y no encharcados.

- Evacuar apropiadamente residuos de materias primas o de fabricación a través de tuberías o de recipientes adecuados.
- Utilizar calzado adecuado (equipo de protección individual certificado), en buen estado y con suelas adecuadas antideslizantes.
- Contar con iluminación adecuada, que evite malas identificaciones y visibilidad deficiente.
- Las dimensiones del espacio permitirán desplazamientos seguros.
- Almacenar materiales y colocar herramientas en lugares específicos para tal fin.
- Evitar el derrame de líquidos, jugos, aceites etc.

3.3 *Para prevenir la caída de objetos por desplome o derrumbamiento*

- Los elementos estructurales de los edificios (permanentes o provisionales) serán de construcción segura y firme.
- Los techos y paredes tendrán una resistencia conforme a la carga que deban sostener y suspender.
- Las escaleras, plataformas y otros elementos similares deben soportar una adecuada carga móvil.
- Las escaleras fijas serán de material fuerte y estarán adosadas sólidamente a los edificios o estructuras.
- Instalar planchas o pantallas que puedan evitar el desplome de mecanismos o máquinas que deban situarse en lugares elevados.

3.4 Para prevenir la caída de objetos en manipulación

- Conocer y aplicar las recomendaciones sobre posturas y movimientos (por ejemplo, mantener la espalda recta, apoyar firmemente los pies, etc.).

- No manipular cargas consideradas excesivas por parte de los operarios de manera general o por su condición (embarazadas, jóvenes, etc.).

- Utilizar equipos de protección individual idóneos (calzado, guantes, ropa de trabajo, etc.).

- Disponer de un sistema seguro de agarre.

- Contar con un nivel de iluminación apropiado, conforme a la complejidad de la tarea.

- Disponer de interruptores o señales visuales que indiquen si existe un exceso de carga al utilizar un aparato de elevación.

- Indicar de forma destacada y visible las cargas máximas a transportar, vigilando su cumplimiento.

- Contar con ganchos con pestillo de seguridad y dispositivos de frenado efectivo para eliminar en deslizamiento de la carga.

- Revisar y hacer pruebas periódicas a los cables, etc.

3.5 Para prevenir la caída de objetos desprendidos

- Almacenar los materiales en lugares específicos, delimitados y señalizados.

- Almacenar los materiales en altura con adecuada estabilidad y teniendo en cuenta su forma y resistencia.

- Sujetar entre sí las cargas con un sistema adecuado de sujeción (flejes, cuerdas, contenedores, etc.).
- Apilar materiales en lugares adecuados y en buen estado, con resistencia acorde a la carga (palés, estanterías, etc.).

3.6. Para prevenir las pisadas sobre objetos

- Los puestos de trabajo dispondrán de espacio suficiente y libre de obstáculos.
- Utilizar únicamente aquellos materiales, herramientas y utensilios necesarios para realizar una labor concreta, y colocar los demás en soportes destinados para su recogida ordenada (bandejas, cajas estanterías, etc.) y en los sitios previstos para ello (almacenes, cuartos, trasteros, archivos, etc.).
- Evitar cables eléctricos, tomas de corriente externas, herramientas, etc., en la superficie de trabajo o tránsito.
- Establecer hábitos de limpieza y orden.
- Iluminar adecuadamente las superficies de trabajo, zonas de tránsito, puertas, etc.
- Utilizar calzado certificado adecuado.

3.7 Para prevenir el choque contra objetos inmóviles

- Contar con un local de trabajo con superficie y volumen adecuados.
- Mantener la zonas de paso libres de obstáculos y señalizar las zonas de almacenamiento.

- Proteger las instalaciones peligrosas situadas junto a zonas de paso.
- Mantener la superficie de trabajo libre de obstáculos, tanto en el suelo como en altura.
- Mantener suficiente separación entre máquinas.
- Contar con iluminación natural, artificial o mixta apropiada a la operación a realizar.
- Prever espacios necesarios, tanto para el almacenamiento fijo como para el eventual del proceso productivo.
- Delimitar y señalizar los espacios de trabajo.

3.8 Para prevenir el choque contra objetos móviles

- Disponer pasillos y zonas de paso con una anchura adecuada al número de personas o vehículos a circular.
- Ubicar las instalaciones peligrosas junto a zonas de paso protegidas.
- Contar con iluminación adecuada (natural si es posible).
- Señalizar con franjas pintadas en el suelo si existen aparatos con órganos móviles que invadan espacios de posible circulación de personal.
- Disponer de resguardos y dispositivos de seguridad en los elementos móviles de las máquinas.
- Detener motores y máquinas durante el mantenimiento de maquinaria.
- Elevar y descender lentamente la carga, evitando arranques o paradas bruscas o el transporte por encima de los lugares donde haya personas.
- Elevar y trasladar las cargas siempre con visibilidad adecuada.

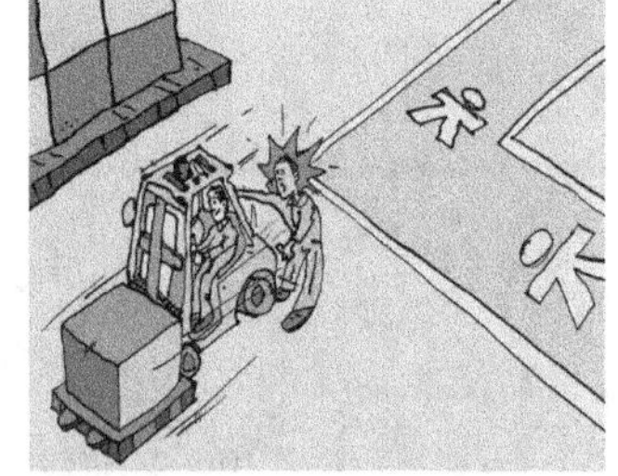

3.9 Para prevenir los golpes o cortes por objetos o herramientas

- Mantener una adecuada ordenación de los materiales, delimitando y señalizando las zonas destinadas a apilamientos y almacenamientos, evitando que los materiales estén fuera de los lugares destinados al efecto y respetando las zonas de paso.
- Separar suficientemente máquinas y aparatos entre sí.
- Señalizar con franjas pintadas en el suelo cuando existan órganos móviles de máquinas que invadan en su desplazamiento zonas de espacio libre.
- Utilizar la señalización complementaria de riesgo permanente (franjas amarillas y negras oblicuas) sobre aquellos objetos que es imposible proteger o sobre los elementos de prevención de estos, como barandillas, esquinas, pilares, muelles de carga, dinteles de puertas, tuberías, diferencias de nivel en los suelos, rampas, etc.
- Disponer de iluminación adecuada.
- Evitar movimientos repetitivos o continuados con herramientas manuales. Mantener el codo a un costado del cuerpo con el antebrazo semidoblado y la muñeca en posición recta.
- Usar herramientas diseñadas de manera tal que den apoyo a la mano de la guía y cuya forma permita el mayor contacto posible con la mano.
- Usar herramientas con esquinas y bordes redondeados.
- Asegurarse, cuando se usan guantes, de que ayuden a la actividad manual pero que no impidan los movimientos de la muñeca o que obliguen a hacer esfuerzo en posición incómoda.

- Usar herramientas diseñadas de forma tal que eviten puntos de pellizco y que reduzcan la vibración.
- Emplear herramientas libres de grasas, aceites y otras sustancias deslizantes.

3.10 Para prevenir la proyección de fragmentos o partículas

- Utilizar pantallas, transparentes si es posible, situadas entre el trabajador y la pieza o herramienta que origina la proyección.
- Emplear sistemas de aspiración de las partículas que se produzcan.
- Usar pantallas que aíslen el puesto de trabajo y, por lo tanto, a terceras personas.
- Emplear pantallas de protección en máquinas automáticas para encerrar completamente la zona de trabajo.
- Usar protecciones oculares (gafas de seguridad), con cristales seleccionados en función del tipo de proyección.
- Utilizar protecciones de la cara, pantallas abatibles o fijas según las necesidades.
- Usar guantes de protección.
- Emplear delantales, manguitos y polainas siempre que las proyecciones puedan alcanzar otras partes del cuerpo.

3.11 Para prevenir el atrapamiento por y entre objetos

- Proteger los elementos móviles de las máquinas mediante resguardos o dispositivos de seguridad .

- Detectar motores, transmisiones y máquinas durante las operaciones de mantenimiento.
- Proteger los elementos móviles de los aparatos y equipos de elevación (grúas, puentes-grúa, etc.).
- Proteger los elementos móviles de los montacargas o plataformas de elevación. Cerramiento del recorrido de la plataforma.
- Los objetos deben estar limpios y exentos de sustancias resbaladizas.
- La forma y las dimensiones de los objetos han de facilitar su manipulación.
- La base de apoyo de los objetos será estable.
- Adiestrar al personal en la manipulación correcta de objetos.
- Contar con iluminación adecuada en el puesto de trabajo.

3.12 *Para prevenir el atrapamiento por vuelco de máquinas o vehículos*

- Respetar el código de circulación y conducir con prudencia.
- Revisar vehículos y máquinas antes de su uso.
- Establecer un programa de mantenimiento para asegurar el correcto estado del vehículo.
- Utilizar vehículos o máquinas únicamente para el fin establecido.
- Disponer los elementos de seguridad necesarios y mantener el buen estado de estos (resguardos, frenos, etc.).
- Limitar la velocidad de circulación en el recinto en función de la zona y el vehículo.
- Mantener las zonas de transito bien señalizadas, con anchura suficiente y pavimento en correcto estado.
- Disponer de iluminación adecuada.
- Disponer de pórtico de seguridad en todos los medios de transporte automotores que no tengan cabina para el con-

ductor de suficiente resistencia.

- Disponer adecuadamente
la carga en los vehículos,
repartida uniformemente y
bien sujeta.

- Frenar adecuadamente y
calzar los vehículos situados en pendientes.

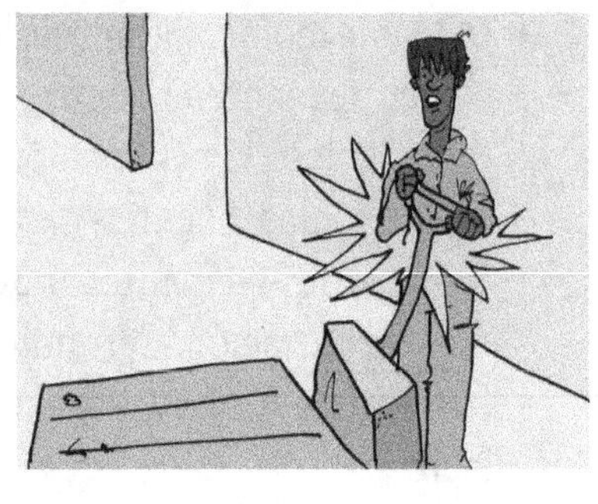

- Evitar cambios bruscos de dirección al conducir un vehículo, o
virajes con poco radio a velocidad exagerada, etc.

3.13 Para prevenir sobreesfuerzos

- Evitar realizar manipulaciones con el codo por encima del nivel
de los hombros.
- No ejecutar acciones manuales por detrás del cuerpo.
- No manipular bruscamente cargas desconocidas o volumi-
nosas.
- No permanecer estático, de pie o sentado, durante la mayor parte de la jornada.
- Colocar los elementos del puesto de manera que no impidan trabajar con comodidad.
- Procurar que la superficie de trabajo se sitúe a la altura idónea en
función de la estatura del trabajador y la tarea a realizar.

- **Durante la manipulación de cargas**
    - Evitar el empuje o tracción por encima de los hombros o por
    debajo de la cintura.
    - No utilizar ayudas mecánicas en mal estado o deficiente
    mantenimiento.

- No hacer giros, flexiones o extensiones del tronco con la carga en manutención.
- No levantar o depositar cargas por encima de la cabeza.
- No proponer «retos» o «apuestas» con la manipulación de cargas.
- Disponer de las ayudas mecánicas necesarias.
- Prever el trayecto a realizar con la carga y despejar los obstáculos que haya.
- Distribuir equilibradamente la/s carga/s.
- Repartir la carga total en cargas más pequeñas siempre que sea posible.
- Organizar a los trabajadores ante cargas importantes y/o dificultosas.

- **Cuando hay que mantener posturas forzadas o hacer movimientos repetitivos**
  - Alternar tareas estáticas con otras en movimiento.
  - No permanecer en una misma postura durante gran parte de la jornada de trabajo.
  - Evitar las posiciones en cuclillas o arrodillado más allá de escasos minutos.
  - No adoptar posiciones corporales extremas y menos si se desarrollan fuerzas o levantan cargas.
  - No realizar acciones de fuerza con las manos en flexión, extensión o rotación extremas.
  - No hacer reiteradamente pinza de fuerza extrema con los dedos de la mano.
  - Mecanizar las tareas repetitivas y monótonas.
  - Adaptar el puesto a quien lo ocupe y disponer los elementos para que permitan realizar la tarea de la forma más cómoda posible.

- Tener en cuenta las sugerencias de mejora que puedan aportar los trabajadores.

- **Al utilizar las herramientas**
  - Mecanizar el proceso cuando la fuerza exigida sea desproporcionada o inaceptable.
  - Elegir las herramientas adecuadas para las tareas a realizar.
  - No utilizar herramientas pesadas si no es con el debido apoyo o suspensión de la misma.
  - Suspender las herramientas muy pesadas.
  - Elegir el tipo de mango de la herramienta que mejor se adapte a la mano y la operación.
  - Evitar la manipulación directa de herramientas vibrátiles de forma frecuente o habitual.
  - No emplear herramientas manuales en posiciones forzadas de manos, brazos o cuerpo.
  - No utilizar las herramientas en operaciones para las que no están diseñadas.
  - No someter las herramientas a sobreesfuerzo mecánico desproporcionado para su tamaño y resistencia.
  - No realizar operaciones de fuerza con herramientas en mal estado, rotas, estropeadas o modificadas.

3.14 Para prevenir los efectos de la exposición a temperaturas ambientales extremas

- No llevar a cabo trabajos pesados, especialmente peligrosos o en solitario durante las horas más calurosas del día: en días despejados al sol, entre las dos de la tarde (las doce de la mañana en hora solar) y las cinco y media de la tarde (las tres y media de la tarde en hora solar).

- Ejecutar las tareas que requieran mayor esfuerzo físico cuando haga menos calor.
- Adaptar los horarios de trabajo durante el verano para no trabajar durante las horas de más calor del día, siempre que sea posible.
- Rotar los trabajadores en las tareas de mucho estrés térmico por calor.
- Beber agua con frecuencia y en cantidades pequeñas en lugar de grandes cantidades de forma espaciada.
- No consumir bebidas alcohólicas ni excitantes, ya que pueden aumentar la deshidratación.
- Hacer comidas ligeras que ayuden a reponer las sales perdidas por el sudor. Evitar el consumo de comidas grasas.

> Cuando se realizan jornadas prolongadas en ambientes calurosos y con esfuerzo físico intenso puede producirse un **golpe de calor**, cuyos principales síntomas son congestión en la cara, dolor de cabeza, respiración rápida, sudor frío y debilitamiento del pulso. En estos casos los pasos a seguir serían los siguientes:
>
> - Llamar al 112.
> - Mientras se espera, situar al trabajador en un lugar fresco (tumbado hacia arriba y con la cabeza más alta que el cuerpo) y tratar de enfriar el cuerpo aplicando compresas de agua fría en la frente, cuello y parte interior.

- En el caso de calambres musculares tras una exposición prolongada a altas temperaturas, cesar la actividad, descansar en un sitio fresco y beber zumos ligeros y bebidas deportivas diluidas en agua. Si los calambres duran más de una hora, consultar al médico.

3.15 Para prevenir los contactos térmicos

- Formar a los trabajadores en el empleo de los equipos que puedan dar lugar a quemaduras.
- Alejar las superficies de trabajo de los focos de calor.
- Impedir el acceso de personas ajenas a las zonas donde se encuentren focos de calor.
- Realizar un mantenimiento preventivo que evite el deterioro de los aislamientos térmicos de calderas, hornos, etcétera.
- Disponer las cocinas de tal manera que solo trabajen cerca de hornos y cocinas las personas que deban realizar tareas muy específicas.
- No llenar nunca los recipientes hasta arriba durante la cocción del alimento.
- Comprobar el termostato de la freidora antes de introducir los alimentos y efectuar el cambio de aceite en frío.
- Emplear equipos de protección personal adecuados (manoplas, delantales, gorros, suelas antideslizantes, etc.) en los puestos cuyos riesgos no queden suficientemente controlados con las medidas anteriores.

3.16 Para prevenir los contactos eléctricos indirectos

- En alta tensión (AT, más de 1.000 voltios), mantener los postes accesibles y siempre conectados a tierra de forma eficaz.
- Conectar eficazmente a tierra todos los herrajes metálicos de los centros de transformación (interior o exterior).
- Cuidar la protección de los conductores de conexión a tierra, garantizando un buen contacto permanente.
- En baja tensión (BT, menos de 1.000 voltios), evitar humedades importantes en la proximidad de las instalaciones eléctricas.

- Conectar a tierra todas las masas con posibilidad de ponerse en tensión por avería o defecto.
- Revisar al menos una vez al año la puesta a tierra para garantizar su continuidad.
- Conectar a tierra eficazmente los cuadros metálicos que contengan equipos y mecanismos eléctricos.
- Dotar de conexión a tierra y garantizarlo siempre a máquinas y equipos eléctricos.
- Conservar el doble aislamiento (si se tiene) de máquinas y equipos eléctricos.
- Dotar de toma de tierra a los enchufes de potencia.
- Comprobar que todos los receptores portátiles protegidos por puesta a tierra tienen una clavija de enchufe con toma a tierra incorporada.
- Dotar a las instalaciones eléctricas de la protección diferencial adecuada.
- Verificar periódicamente la protección diferencial mediante el pulsador (una vez al mes) y comprobar que actúa correctamente.

3.17 Para prevenir la exposición a sustancias nocivas o tóxicas

- Utilizar recipientes apropiados y correctamente etiquetados.
- Contar con salas de almacenamiento acondicionadas según el tipo de productos y con armarios protegidos.
- No superar la capacidad de almacenamiento reglamentaria y disponer los productos teniendo en cuenta su incompatibilidad química.

- Formar al personal respecto a la manipulación de recipientes y riesgos.
- Seguir un método operatorio correcto y seguro en cada caso.
- Utilizar recipientes adecuados al tipo de producto, convenientemente protegidos frente a roturas (metálicos, de vidrio, de plástico).
- Disponer correctamente los productos, con baldas en forma de cubetas de retención de líquidos.
- Mantener los recipientes cerrados.
- Trasvasar en lugares bien ventilados grandes cantidades de líquidos.
- No pipetear succionando con la boca.
- Utilizar carretillas o cestos apropiados para desplazar pequeños recipientes.
- Utilizar equipos de protección individual necesarios (ocular, facial, manos, vías respiratorias, etc.).
- Instalar duchas de seguridad o fuentes lavaojos.

3.18 Para prevenir el contacto con sustancias caústicas o corrosivas

Se aplican las mismas medidas que para prevenir el contacto con sustancias nocivas o tóxicas.

3.19 Para prevenir la exposición a radiaciones

- Señalizar las zonas de radiación.
- Disponer los blindajes adecuados de las instalaciones en función del tipo de radiación.

- Mantener adecuadamente los equipos e instalaciones radiacti-
  vas.
- Utilizar equipos de protección individual, como, por ejemplo, ga-
  fas de protección frente a radiación ultravioleta EN170.
- Limitar el número de trabajadores expuestos.
- Limitar el tiempo de exposición.
- Alejarse de las fuentes radiactivas cuando estas se encuentran
  en funcionamiento.
- Establecer procedimientos de trabajo seguros y buenas prácticas
  de trabajo.

3.20 Para prevenir las explosiones

- Alejar las fuentes de calor de las zonas de incendio.
- Disponer solo los materiales inflamables y combustibles necesa-
  rios en el puesto de trabajo.
- Separar los almacenamientos del lugar de trabajo, en locales o
  armarios independientes y cerrados.
- No almacenar juntas sustancias que pueden reaccionar provo-
  cando incendios y explosiones.
- Establecer instalaciones eléctricas antideflagrantes en zonas
  donde exista riesgo de incendio o explosión.
- No sobrecargar las instalaciones eléctricas con bases múlti-
  ples.
- Prohibir fumar y encender fuegos en los lugares de trabajo.
- Contar con sistemas de detección y alarma de incendio.
- Colocar extintores adecuados a las posibles clases de fuego.
- Mantener los equipos de extinción de acuerdo a la reglamenta-
  ción vigente.
- Dejar libre de obstáculos el acceso a los equipos de extinción de
  incendios.

- Señalizar las salidas de emergencia y dejarlas libres de obstáculos.
- Colocar un listado de teléfonos de servicios de urgencia visible en zonas estratégicas.
- Formar a los trabajadores sobre la manera de actuar en caso de incendio.
- Planificar y llevar a cabo ejercicios de evacuación simulada regularmente.

3.21 Para prevenir los accidentes causados por seres vivos

- Recabar información sobre la presencia de animales e insectos potencialmente peligrosos antes de acceder a una zona de trabajo. Mantener la vigilancia durante el acceso y permanencia en la zona de trabajo.
- Preguntar si hay animales sueltos antes de entrar al domicilio de cliente y, en caso afirmativo, solicitar que el animal esté debidamente sujeto.
- Señalizar las zonas con presencia de animales peligrosos.
- No provocar a los animales y evitar su presencia. La mayoría de ellos solo atacan cuando se consideran amenazados, acorralados o son molestados.
- No introducir las manos en agujeros o huecos sin los adecuados guantes protectores, ya que pueden ser guaridas o refugios de animales.
- Tapar o cerrar de forma adecuada los huecos existentes en las instalaciones o salas para evitar su ocupación por insectos u otros animales.
- Desratizar de manera periódica todas las dependencias o edificios que por sus características o situación respecto a otros edificios se vean afectados esporádicamente por la presencia de múridos.

- Mantener ordenados y limpios los sótanos, garajes, almacenes, galerías de cables, locales de archivo y los destinados a desechos y basuras.
- En caso de picadura o mordedura acudir al centro médico más cercano.
- Evitar la confrontación dialéctica con otras personas y en ningún caso llegar al contacto físico.

Atención al paciente

- Identificar al «paciente difícil» para evitar calificar toda actitud poco colaboradora con esta etiqueta.
- No reaccionar con irritación y el enfado como respuesta ante el comportamiento de este tipo de pacientes, pues ello solo favorecería el mantenimiento de su conducta.
- No interpretar el comportamiento inapropiado del paciente como una reacción personal hacia el profesional. Esto permitirá mantenerse en una posición objetiva y realista.
- No responder con ira o agresividad ante pacientes agresivos. Tratar la situación de manera inmediata, con firmeza, asertividad y objetividad, pero también con serenidad y sin emotividad.

3.22 Para prevenir los atropellos o golpes con vehículos

- Proporcionar información y formación a los trabajadores.
- Conocer las normas de seguridad vial.
- Tener destreza en la conducción y realizar con habilidad las maniobras.
- Vigilar y prevenir las condiciones y situaciones eventuales del tráfico (fluido o con retenciones).

- Valorar las situaciones de riesgo.
- No conducir vehículos cuando se esté sometido a tratamientos hipnóticos, sedantes o antihistamínicos.
- No tomar bebidas alcohólicas.
- No consumir comidas muy copiosas; deben ser de fácil digestión a fin de evitar amodorramiento y somnolencia.
- Poner en funcionamiento, antes de empezar a conducir, los equipos adicionales del vehículo (GPS, radio, etc.), para evitar manipulaciones en marcha. La pantalla del navegador debe situarse en lugar de fácil acceso para la vista de modo que no sea necesario desviarla de la carretera, y debe dejar libres los espacios del airbag.
- Disponer de medios de comunicación fiables cuando se realicen trayectos por vías de escaso tránsito y en malas condiciones.

- **Para evitar los accidentes con vehículos delanteros o traseros**
  - Controlar el estado del vehículo.
  - Ajustar los espejos retrovisores.
  - Prestar la máxima atención.
  - Respetar las señales de tráfico.
  - Mantener la distancia de seguridad.
  - Vigilar el vehículo que se aproxima por detrás sin respetar la distancia de seguridad y facilitarle el adelantamiento.
  - Reducir la velocidad en lugares donde la visibilidad es mínima o nula.

- **Para evitar los accidentes por adelantamientos y colisiones frontales**
  - Circular habitualmente por la derecha sin invadir el carril contrario.
  - Prestar la máxima atención en los adelantamientos y no realizarlos sin estar completamente seguro de las condiciones.

- Mirar por el retrovisor.
- Comprobar la inexistencia de vehículos que intercepten la acción.
- Señalizar la operación a realizar, de manera rápida y progresiva, y mantener en todo momento las distancias de seguridad.
- Llevar a cabo la maniobra con rapidez.
- Mantener la velocidad adecuada, comprobando la capacidad del vehículo para adelantar, así como la presencia de vehículos en sentido contrario y vehículos por detrás.
- Señalizar el retorno al carril.

Antes de utilizar el vehículo, el conductor deberá comprobar el estado de **los elementos de seguridad**:

- Revisar los niveles del líquido de frenos, aceite y agua.
- Controlar el estado de correas, manguitos y filtros.
- Comprobar el estado de las bujías, calentadores y cables.
- Comprobar el nivel de anticongelante.
- Vigilar el estado y la presión de los neumáticos.
- Regular las luces y limpiar los faros.
- Limpiar los parabrisas y surtidores de agua.
- Comprobar la luneta térmica.

4 Áreas de trabajo: seguridad, orden y limpieza

Las condiciones del espacio y del ámbito de trabajo en que se desarrolla toda actividad laboral influyen directamente en la prevención de los accidentes.

Figura 5.1. Para garantizar la seguridad, el centro de trabajo debe estar bien planificado y organizado.

A la hora de **organizar un centro de trabajo** y planificar la producción hay que tener en cuenta una serie de factores para que el proyecto se desarrolle bajo exigencias de «calidad», dé buenos resultados y garantice la seguridad. Los factores clave son:

- El emplazamiento.
- El proceso productivo.
- Los materiales, tanto materias primas como productos semiacabados o acabados.
- Los equipos y medios de transporte.
- Los métodos y procedimientos de trabajo.
- El comportamiento humano (por ejemplo, el orden y la limpieza del área particular).

Cada uno de estos factores puede dar lugar situaciones inseguras y, por lo tanto, deben conocerse de antemano para controlarlos adecuadamente.

4.1 Seguridad en las instalaciones

Para que puedan ser consideradas seguras, las instalaciones deben responder a las siguientes exigencias:

- La **construcción de los edificios e instalaciones** seguirá reglamentos oficiales y, en su defecto, los criterios técnicos más usuales. Durante el proceso de construcción, se realizaran, ensayos físicos de resistencia de materiales, para garantizar con ello la buena calidad de la obra.
- Los **elementos de control de las instalaciones** estarán situados en lugares fácilmente accesibles para el personal de mantenimiento que posteriormente cuidará de su vigilancia y conservación. Sin embargo, no serán accesibles a personal no autorizado.
- Todas las **instalaciones** estarán convenientemente **identificadas** con la simbología más usual (por ejemplo, pintado de tuberías, carteles indicadores, etc.).
- Las **zonas de peligro** (alta tensión, compresores, áreas inflamables etc.) deberán tener las áreas bien delimitadas y señalizadas y solo serán accesibles para el personal autorizado.

4.2 Dimensiones y disposición del centro de trabajo

Las **dimensiones** de los centros y los locales de trabajo deben ser suficientes para hacer frente a las necesidades actuales y prevenir futuras ampliaciones.

Los locales y las zonas de trabajo se **distribuirán** de manera que favorezcan, de acuerdo al proceso productivo, el flujo entre materias primas, productos en elaboración y productos acabados, con espacio suficiente para su movimiento y almacenamiento.

Habrá que tener en cuenta:

- Unas dimensiones mínimas de los locales.
- Suelos, techos y paredes adecuados.
- Pasillos que permitan la circulación.
- Suficientes puertas y salidas y con unas dimensiones y una situación también adecuadas.
- Aberturas en pisos y paredes protegidas (ascensores, fosos, etc.).
- Escaleras fijas en buen uso.
- Escaleras de mano seguras, etc.

4.3 Distribución de máquinas y equipos

Tanto la **mala distribución** en planta de los elementos de producción como los movimientos innecesarios de materiales o personas pueden provocar accidentes fácilmente evitables.

En ocasiones las condiciones de seguridad en que se trabaja se pueden mejorar simplemente **acomodando la maquinaria** y el equipo auxiliar a los espacios del local y distribuyéndola según el orden que impone el proceso de producción.

Conviene que los **puestos de trabajo** estén claramente delimitados y que dispongan de un lugar fijo para depositar los útiles y las herramientas. Las materias primas deben llegar fácilmente al puesto de trabajo y los productos acabados y materiales de desecho han de poder ser retirados sin entorpecer los movimientos de los operarios.

Debe facilitarse el **acceso** cómodo a las diferentes partes de la **maquinaria** y los equipos, de acuerdo a criterios ergonómicos, para evitar movimientos y esfuerzos forzados o innecesarios.

4.4 Orden y limpieza

Mantener el orden y la limpieza es muy importante para conseguir un grado de seguridad aceptable en cualquier actividad laboral. Algunos accidentes, como **golpes y caídas**, se producen como consecuencia de un ambiente desordenado o sucio, suelos resbaladizos, materiales colocados fuera de su lugar, acumulación de material sobrante o de desperdicio.

> Velar por el orden y la limpieza del centro y del lugar de trabajo es un **principio básico de seguridad**. El orden y la limpieza dan una idea clara del estado de seguridad de una empresa, permiten aprovechar más racionalmente el espacio y facilitan enormemente la adopción de ulteriores medidas preventivas.

Los **desechos** que se produzcan durante el trabajo deben ser controlados y eliminados. Para ello se dispondrá de recipientes apropiados que se vaciarán con frecuencia. En ocasiones es necesario incluso diferenciar recipientes para residuos que han de estar separados (sustancias inflamables y oxidantes, por ejemplo).

Las máquinas o instalaciones que puedan sufrir pérdidas de líquidos dispondrán de sistema de recogida y drenaje que evite que se derramen por el suelo. Se han de evitar los **pisos resbaladizos** por aceites o grasas.

Para limpiar los suelos se utilizarán **detergentes o jabones**, y se evitará el uso de hidrocarburos o productos químicos

corrosivos. También han de limpiarse periódicamente ventanas y paredes.

Teniendo en cuenta su tamaño y actividad y la posible presencia de personas ajenas a ella, la Ley de Prevención de Riesgos Laborales (art. 20) obliga a la empresa a **analizar** las posibles situaciones de emergencia, **adoptar las medidas** necesarias y **organizar** un sistema de prevención, protección y primeros auxilios internos, relacionado con otros servicios externos de forma que quede garantizada la rapidez y eficacia de las situaciones.

Figura 5.2. Los sistemas de prevención deben tener en cuenta la actuación de los servicios externos.

5.1 Plan de emergencia

El plan de emergencia debe afectar a toda la empresa y contemplar:

- La evacuación del personal a lugares seguros.
- El control de los materiales peligrosos.
- La parada casi automática de las operaciones
- La protección de equipos y materiales.
- La designación de un puesto de control.

5.2 Equipos de emergencia

Constituyen el conjunto de personas especialmente entrenadas y organizadas para la prevención y la actuación en los accidentes que se puedan producir en el ámbito de la empresa.

- **Funciones generales**
    - Conocer los riesgos.
    - Señalar las anomalías.
    - Conocer y mantener los medios.
    - Suprimir las causas.
    - Combatir el fuego.
    - Coordinarse.

- **Tipos de equipos**
    - Equipos de primera intervención (EPI).
    - Equipos de segunda intervención (ESI).
    - Equipos de seguridad química (ESQ).
    - Equipos de alarma y evacuación (EAE).
    - Equipos de primeros auxilios (EPA).

Figura 5.3. Actuar con rapidez y eficacia en los accidentes laborales es vital.

- **Jefatura y comunicaciones**
  - Jefe de intervención (JI).
  - Jefe de emergencia (JE).
  - Centro de comunicaciones (CC).

- **Acciones de los equipos**
  Las distintas emergencias requerirán diferentes tipos de actuación:

  - La detección y alerta que pondrá en acción a los EPI, para conseguir su control, basándose en una adecuada comunicación (JE y otros servicios).
  - La intervención de los EPI, o de los ESI cuando esta sea insuficiente, para controlar las emergencias.
  - La alarma para evacuar a los ocupantes (acústica por regla general).
  - El apoyo de los servicios de ayuda exterior (bomberos, ambulancias, etc.) con información canalizada a través del CC.

En función de la clasificación de las **situaciones de emergencia** dada en el capítulo 2, los equipos de emergencia intervendrán de una manera u otra:

- **El conato de emergencia** puede ser controlado y dominado de forma sencilla y rápida por el personal (EPI) y los medios de protección local.
- **La emergencia parcial** requiere de la actuación de los equipos especiales de emergencia del sector (ESI-ESQ-JI). Sus efectos quedarán limitados a un sector y no afectarán a otros sectores colindantes ni a terceras personas.
- **La emergencia general** precisa de la actuación de todos los equipos y medios de protección del establecimiento (EPI- ESI-JI-JE-CC) y la ayuda de medios de socorro y salvamento exteriores. Comportará la evacuación de personas de determinados sectores y la participación de los equipos correspondientes (EPA-EAE).

5.3 Incendios

Cuando se detecta el incendio, además de activar la alarma precisa, hay que adoptar las acciones necesarias para tratar de controlarlo y extinguirlo.

Los factores que hacen posible el fuego (combustible o material que se quema, aire, calor y reacción en cadena) determinarán el **sistema de extinción** a aplicar.

- **Métodos de extinción**
    - Por enfriamiento.
    - Por sofocación o eliminación del aire del combustible.

- Eliminando el combustible.
- Inhibiendo la reacción.

- **Materiales y tipos de fuegos**

  Los materiales se pueden clasificar según el tipo de fuego que producen cuando se queman:

Materiales		Clasificación de los fuegos
Madera, papel, tela, goma, corcho, cartón, trapos, caucho	Sólidos con brasa	A
Gasolina, petróleo, aceite, grasa, pintura, barniz, disolvente, gasoil, alcohol, cera	Líquidos inflamables y sólidos licuables	B
Propano, butano, metano, hexano, gas ciudad, gas hulla, acetileno	Gases inflamables	C
Magnesio, titanio, sodio, potasio, uranio reactivos	Metales y productos químicos	D
Cualquiera en presencia de la corriente eléctrica	Fuegos eléctricos	E

- **Equipos de extinción**

  - Extintores portátiles o sobre soporte de ruedas.
  - Bocas de incendio equipadas (BIE) con manguera.
  - Hidrantes exteriores.

     Manual de prevención de riesgos laborales

- Instalaciones fijas, manuales y automáticas (rociadores o *sprinklers* de anhídrido carbónico, polvo químico y derivados halogenados, e instalaciones automáticas para la supresión de explosiones).

- **Un extintor para cada tipo de fuego**
    - Fuegos de sólidos (A): extintores con agua, preferentemente pulverizada, espuma física o polvo químico polivalente ABC.
    - Fuegos de líquidos (B): extintores con polvo químico normal BC, polvo químico polivalente ABC o espuma física.
    - Fuegos de gases (C): si no se puede cerrar la válvula o el escape que permite la salida del gas, es preferible no extinguir el fuego. Lo mejor es refrigerar el recipiente con agua. Si se puede extinguir, hay que utilizar extintores con polvo seco o polivalentes.
    - Fuegos eléctricos (E): debe evitarse el agua por ser conductora y producir peligrosas descargas. Se han de emplear extintores con polvo químico (hasta 1.000 voltios) o anhídrido carbónico.

- **Fases de intervención**
    - Primera intervención (EPI), con medios portátiles en el lugar del incendio.
    - Segunda intervención (ESI) con medios más potentes.

1. Evitar los accidentes es una tarea de:

a) Servicio de prevención.

b) Todos.

c) Los delegados de prevención.

2. Acciones a desarrollar para evitar las caídas a distinto nivel:

a) No realizar trabajos en altura.

b) Poner un inspector de seguridad cuando se trabaje en altura.

c) Instalar protección de las aberturas en los pisos y paredes con barandillas y rodapiés

3. Acciones a desarrollar para proteger contra la proyección de fragmentos o partículas:

a) Emplear guantes de cuero.

b) Emplear herramientas que no arranquen virutas o fragmentos.

c) Utilizar sistemas de aspiración de las partículas que se produzcan.

4. Acciones a desarrollar para evitar la exposición a sustancias nocivas:

a) Emplear recipientes apropiados y correctamente etiquetados.

b) Manipularlas siempre con guantes de látex.

c) Ventilar bien antes de manipularlas.

5. El fuego tipo A es el producido por la combustión de:

a) Madera, papel, telas, gomas, corcho, cartón, trapos, caucho.

b) Gasolina, petróleo, aceites, grasas, pinturas, barnices, disolventes, gasoil, alcohol, cera.

c) Propano, butano, metano, hexano, gas ciudad, gas hulla, acetileno.

Modelo de examen sobre la prevención de riesgos laborales

1. ¿Cuándo en prevención de riesgos laborales hablamos de condiciones de trabajo nos estamos refiriendo a...?

a) Las condiciones ambientales en las que se realiza el trabajo. ☐

b) Cualquier característica del trabajo que pueda suponer un riesgo para la salud o la seguridad del trabajador. ☐

c) A que la temperatura debe ser de 24 ºC y la humedad del 40 %. ☐

2. Los accidentes de trabajo son:

a) Una consecuencia de la fatalidad. ☐

b) Sucesos esperables ya que son consecuencias normales de la actividad laboral. ☐

c) Suceso no deseado del cual pueden derivarse pérdidas personales o materiales. ☐

3. La Ley 31/95 de Prevención de Riesgos Laborales regula:

a) Los derechos de la empresa para garantizar la seguridad y la salud. ☐

b) Los derechos y las obligaciones derivados del derecho básico de los trabajadores a su protección y salud. ☐

c) Las instrucciones de trabajo seguro. ☐

4. Entre los principios generales que regirán las medidas adoptadas por la empresa para garantizar la seguridad y la salud de los trabajadores están:

a) Combatir los riesgos en su origen y priorizar las medidas colectivas. ☐

b) Evitar los riesgos y deshacerse de la maquinaria sin marca CE. ☐

c) Nombrar responsable de PRL a un administrativo e informar a los trabajadores. ☐

5. Los trabajadores, en cumplimiento de la Ley 31/95 de Prevención de Riesgos Laborales, tienen el deber de:

a) Velar por su seguridad y por la de los demás. ☐

b) No tienen ningún deber, la ley se elaboró para protegerlos. ☐

c) Justificar cualquier accidente o incidente que sufran durante el trabajo. ☐

6. Los principales riesgos asociados a las zonas de almacenamiento de materiales son:

a) Los sobreesfuerzos y los contactos térmicos. ☐

b) Los desprendimientos y los atrapamientos. ☐

c) Los atrapamientos y la exposición a seres vivos. ☐

7. Una disposición mínima de seguridad aplicable a los equipos de trabajo es:

a) Disponer de señalización visual y acústica. ☐

b) Ponerse en marcha solo con una acción voluntaria. ☐

c) Tener una placa visible con el nombre del país donde fueron fabricados. ☐

8. Una de las principales recomendaciones para evitar los accidentes relacionados con las herramientas es:

a) Disponer siempre de herramientas de uso exclusivo y personal. ☐

b) Disponer de las instrucciones de montaje y
características técnicas. □

c) No emplearlas en otros usos para los que no fueron diseñadas. □

9. Dos de los principales riesgos asociados a pasillos y superficies de transito son:

a) Atrapamientos y choque térmico. □

b) Caídas de personas al mismo nivel y caídas a distinto nivel. □

c) Atropellos o golpes con vehículos y exposición al ruido. □

10. Una medida que puede contribuir a disponer de un lugar de trabajo más seguro es:

a) Establecer y señalizar adecuadamente pasillos
diferenciados para personas y vehículos. □

b) No permitir el acceso a personas ajenas a la obra. □

c) Emplear siempre el casco y los equipos de protección personal. □

11. Dos principios para levantar cargas manualmente reduciendo el riesgo son:

a) Separar los pies uno del otro a una distancia de
50 cm aproximadamente. □

b) Coger la carga manteniéndola pegada al cuerpo,
levantándola gradualmente, estirando las piernas
y manteniendo la espalda recta. □

c) Ambas son correctas. □

12. La investigación de accidentes es una técnica fundamentalmente para:

a) Adoptar las medidas necesarias para impedir que se repitan. □

b) Valorar exactamente los costes ocasionados. □

c) Poder informar con precisión a la autoridad laboral. □

13. A la hora de comprar un equipo hemos de tener presente que:

a) Debe haber sido fabricado en Europa.

b) Debe disponer del certificado CE y el manual de
instrucciones en castellano.

c) Debe disponer de un certificado del fabricante que
justifique que cumple normativa.

**14. Para garantizar la seguridad en las obras una de las medidas
que se deben tomar es:**

a) Nombrar a un coordinador de actividades empresariales.

b) Limitar los accesos a personas ajenas a la obra.

c) Comprobar el estado físico de todos los
trabajadores subcontratados.

**15. Entre las competencias del comité de seguridad y salud se
encuentra:**

a) Organizar el trabajo para que se respeten las
normas de funcionamiento seguro.

b) Escoger los equipos y las herramientas que serán
empleados en la obra.

c) Participar en la elaboración, puesta en práctica
y evaluación de los planes y programas de
prevención de riesgos en la empresa

**16. Entre las funciones propias del nivel básico en prevención de
riesgos laborales se halla:**

a) Promover los comportamientos seguros y la
correcta utilización de los equipos de trabajo y protección.

b) Asesorar a los responsables de la obra en la
programación de los trabajos.

c) Asumir personalmente la seguridad en la obra.

17. El objetivo de los primeros auxilios es:

a) Evitar que otras personas puedan accidentarse. ☐

b) Mantener con vida al accidentado hasta que
lleguen los servicios sanitarios. ☐

c) Sustituir al médico hasta que este llegue. ☐

18. Dos de las principales reglas de oro en primeros auxilios son:

a) Reducir las luxaciones y vendar las heridas. ☐

b) Tranquilizar al accidentado y darle algo beber si se
halla inconsciente. ☐

c) Serenidad y dominio de la situación. ☐

19. El primer paso para efectuar la maniobra de Heimlich es:

a) Colocarle las manos a la espalda. ☐

b) Tender al accidentado en el suelo y con la mano
en la frente levantarle el cuello para abrir las vías aéreas. ☐

c) Colocarse detrás del accidentado y pasarle los
brazos por las axilas. ☐

**20. El principal riesgo de una herida en tejidos blandos como puede
ser un corte es la infección, y para evitarla debemos:**

a) Aplicar alcohol con un algodón. ☐

b) Extraer cualquier cuerpo extraño que se le haya
clavado al accidentado. ☐

c) Cohibir (limitar) la hemorragia y tapar la herida. ☐

Soluciones a los test
Prevención de riesgos laborales

Capítulo 1

1: b	2: a	3: b	4: c	5: a

Capítulo 2

1: b	2: b	3: c	4: a	5: b
6: b	7: a	8: b	9: c	10: a

Capítulo 3

1: b	2: c	3: a	4: c	5: b

Capítulo 4

1: c	2: b	3: a	4: b	5: a

Capítulo 5

1: b	2: c	3: c	4: a	5: a

Test final

1: b	2: c	3: b	4: a	5: a
6: b	7: b	8: c	9: b	10: a
11: c	12: a	13: b	14: b	15: c
16: a	17: b	18: c	19: c	20: c

Para ampliar y seguir practicando con más test de autoevaluación, visite:

Manual de seguridad en el trabajo

Este manual reúne las principales normas de seguridad que se deben conocer y aplicar en los lugares de trabajo para prevenir riesgos y evitar posibles accidentes.

Se exponen de manera práctica y didáctica, con el soporte de ilustraciones a color, los posibles riesgos y las medidas de prevención que se deben tomar para evitarlos, empezando por el uso de equipos de protección individual, la limpieza y el orden y el mantenimiento de las instalaciones.

Este manual, acompañado de la formación específica que corresponda, le capacitará para asumir con seguridad la utilización de los equipos de trabajo y el manejo de la maquinaria, la manipulación de productos peligrosos o los trabajos en altura, entre otras operaciones, y le ayudará a afrontar situaciones extremas como incendios o sobrecargas eléctricas y prestar los primeros auxilios.

Colección: Gestiona
Director: David Soler

Manual de prevención de riesgos laborales
1.ª edición, 2017
© CIEF
© de esta edición, incluido el diseño de la cubierta, ICG Marge, SL
© fotografía de la cubierta: Shutterstock, elenabsl

Edita: Marge Books
València, 558 – 08026 Barcelona
Tel. 931 429 486 – marge@margebooks.com
www.margebooks.com

Gestión editorial: Hèctor Soler
Edición: Alba Megías, Anna Vinyals, Cristina Torres
Compaginación: Mercedes Lara
Impresión: Prodigitalk, SL (Martorell, Barcelona)

ISBN: 978-84-16171-21-7
Depósito Legal: B 8771-2017

El papel empleado en este libro no ha sido blanqueado con cloro elemental (Cl_2).

Guías **PRL**
Prevención de riesgos laborales

Personal de cocina

Personal de limpieza

Personal monitor

Personal de restauración

Personal de oficinas
y despachos

Personal de reparto
y de conducción

Personal de transporte
y estiba

Personal monitor
de apoyo al alumnado con
necesidades educativas
específicas (NEE)

Máquinas de carga

Prevención de accidentes.
Seguridad vial

Otras obras de interés:

Manual de prevención
de riesgos laborales

Manual de seguridad
en el trabajo

Carretilla frontal contrapesada.
Normas de uso y seguridad

València, 558 – 08026 Barcelona – Tel. +34-931 429 486 – marge@margebooks.com – www.margebooks.com